Trouver ses ancêtres sur Internet : Filae.com

Yann Guillerm

Archives & Culture

SOMMAIRE

L'auteur, Yann Guillerm

En quête de ses ancêtres dès l'adolescence, Yann Guillerm a reconstitué les différentes branches de sa famille en France, mais aussi à l'étranger (Jersey, États-Unis…). Titulaire d'une maîtrise en histoire et bénévole au sein d'associations de généalogie, il a relevé et indexé des registres paroissiaux et a organisé le dépouillement des registres matricules des Côtes-d'Armor. Il est déjà l'auteur de *Retrouver ses ancêtres bretons*, de *Archives départementales : mode d'emploi* et coauteur de *Faire son arbre généalogique par Internet*.

ISBN : 978-2-35077-314-8 ISSN : 2116-2050

Tél : 01 48 28 59 29 – www.archivesetculture.org

Filae.com, mis en ligne en décembre 2016, est le dernier-né d'une aventure généalogique commencée au milieu des années 1990. Pour autant, il s'agit d'une vraie nouveauté dans le paysage généalogique français. La force de ce nouveau service ? Le travail d'indexation réalisé par Filae, qui permet, sur un seul site et à partir d'un simple patronyme, de rechercher partout en France et de visualiser la source de l'information : l'archive originale numérisée. On dispose ainsi avec Filae d'un formidable outil pour retrouver un acte que l'on pouvait mettre plusieurs années à chercher, parfois sans succès... Encore faut-il savoir utiliser Filae et déjouer les problèmes liés à l'orthographe des noms et des prénoms, à l'organisation des sources disponibles : tel est l'objectif de ce livre.

Écrire un guide pour un site Internet qui évolue constamment est un exercice difficile. Il était pourtant nécessaire d'en donner les principales clés : une façon de montrer l'originalité de l'offre de Filae, de vous guider dans l'utilisation des nombreuses fonctionnalités et de maximiser vos chances de faire de véritables trouvailles généalogiques.

Dans un premier temps, le guide décrit l'étendue des services et des données consultables sur Filae. Un focus tout particulier concerne l'indexation systématique des numérisations de l'état civil du XIXe siècle et des recensements sans oublier les autres bases historiques.

La deuxième section vous permet de mieux explorer Filae en tirant le meilleur parti des nombreuses fonctionnalités et astuces proposées par le moteur de recherche.

Les arbres généalogiques en ligne sont abordés en troisième partie. Car le site vous permet de créer et d'héberger votre arbre ou de l'importer. À la clef ? Des pistes et des indices automatiquement détectés par Filae pour chaque personne saisie dans votre arbre.

Vous l'avez compris, bien loin d'atténuer le plaisir de l'enquête généalogique, les outils et les données de Filae vous évitent de feuilleter des centaines de pages, il simplifie et accélère votre recherche. Le temps ainsi libéré vous permettra d'écrire votre histoire familiale ou d'explorer d'autres sources aux archives départementales ou ailleurs.

En complément de ce guide, visitez le centre d'aide www.filae.com/academie qui s'enrichit régulièrement de courtes vidéos expliquant les fonctionnalités du site.

En bref, cet ouvrage explore Filae pour que vous puissiez à votre tour l'explorer avec efficacité, dans un seul but : faire pousser les branches de votre arbre le plus haut possible !

COMPRENDRE FILAE

De Win Genealogic à Filae

Filae existe depuis 2016 mais son origine remonte aux années 1990. Filae est le fruit d'une longue histoire mêlant généalogie et technologie, histoire qui commence en 1992 avec la création du logiciel Win Genealogic.

Au début, un logiciel de généalogie

En 1994, le journal *Presse Océan* consacre un article à Toussaint Roze, tout juste diplômé du bac, qui avait lancé en 1992 le premier logiciel de généalogie pour Windows: Win Genealogic. Son père, Bernard Roze, passionné de généalogie depuis ses dix-huit ans, avait transmis le virus à son fils et lui avait demandé de créer un logiciel pour saisir les données familiales collectées et tracer des arbres généalogiques. Le logiciel est d'abord distribué par la presse informatique. En 1994, devant son succès grandissant, Toussaint Roze crée avec son père une société pour en assurer la commercialisation. Bernard Roze s'occupe du support utilisateur tandis que Toussaint, tout en poursuivant ses études d'ingénieur, continue à développer le logiciel en y apportant de nouvelles fonctions.

> **!** Toussaint Roze, PDG de Filae, tient son prénom de son lointain aïeul Toussaint Rose, secrétaire de Mazarin puis de Louis XIV, auquel son père avait souhaité rendre hommage.

Internet : une révolution pour la généalogie

Devant les immenses perspectives du web et son utilité considérable pour la généalogie, Toussaint Roze crée en 2000 un site permettant aux internautes de partager leurs arbres généalogiques et il y développe de nouveaux services innovants à destination des familles (notrefamille.com, genealogie.com, cadeaux.com...).

La société propose petit à petit des bases de données historiques issues du dépouillement d'archives et de documents officiels, par exemple le *Bulletin des lois* riches de données nominatives ou les listes de prisonniers de guerre. Des partenariats sont aussi réalisés avec des associations de généalogie pour permettre l'accès à des indexations d'actes de l'état civil.

En 2010, la société exprime sa volonté d'indexer et de mettre en ligne les archives publiques pour en faciliter l'accès du grand public. Les premières licences de réutilisation sont signées avec des archives départementales, permettant à Filae de proposer une indexation de l'intégralité de l'état civil d'un département ou d'une commune, avec en plus un accès direct à l'image de l'acte.

En parallèle, le site évolue fortement en 2011 : il propose désormais un moteur de recherche unique pour trouver des réponses généalogiques dans les multiples bases de données, sans que l'utilisateur soit obligé de les explorer une par une.

À gauche, l'équipe de Filae.com, à droite, le stand Filae sur le salon de généalogie de Paris 15.

Le 5 décembre 2016 est lancé le site Filae.com, une révolution généalogique remarquée par la communauté associative et par les médias (citons par exemple l'article intitulé « Filae révolutionne la généalogie sur Internet », publié par la *Revue française de généalogie*). En effet, la société a indexé la quasi-totalité de l'état civil français du XIXe siècle (soit plus de 250 millions d'actes !) : retrouver une personne se fait maintenant très facilement, il suffit de taper son nom et son prénom, puis un simple clic permet d'accéder au document numérisé souhaité. L'indexation de tout (ou presque tout) l'état civil français du XIXe siècle est ainsi accessible à partir d'un simple patronyme et depuis un seul site Internet.

L'objectif? « Tout le monde a une histoire, explique Toussaint Roze. Filae voulait que tous puissent en faire l'expérience simplement. C'est chose possible grâce au travail de regroupement et d'intégration de toutes les sources d'état civil dans notre moteur de recherche patronymique et géographique. Désormais, tout un chacun peut explorer sa propre histoire familiale ».

Tout cela a été rendu possible grâce à la loi relative à la gratuité et à la réutilisation des informations publiques (loi Valter) et à la loi République numérique (loi Lemaire) qui instituent un principe d'Opendata en France. L'accès aux données numériques et leur usage sont laissés libres.

Le site, grâce à une interface simple et intuitive, permet également à tout un chacun de saisir sans difficulté sa généalogie.

Filae, société basée à Paris et Laval, compte aujourd'hui plus de trente collaborateurs et poursuit la numérisation et l'indexation de nouvelles archives pour les rendre plus accessibles. Ainsi, depuis septembre 2017, Filae permet d'accéder aux recensements français du début du XXe siècle d'un clic, grâce à leur indexation, comme pour l'état civil du XIXe siècle. Des nouvelles perspectives de recherches pour nous tous !

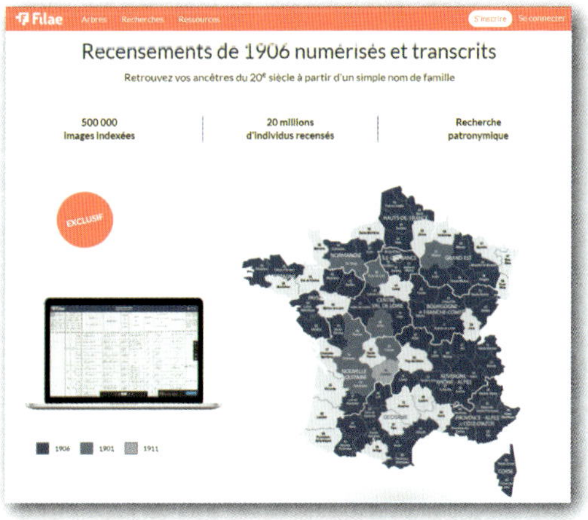

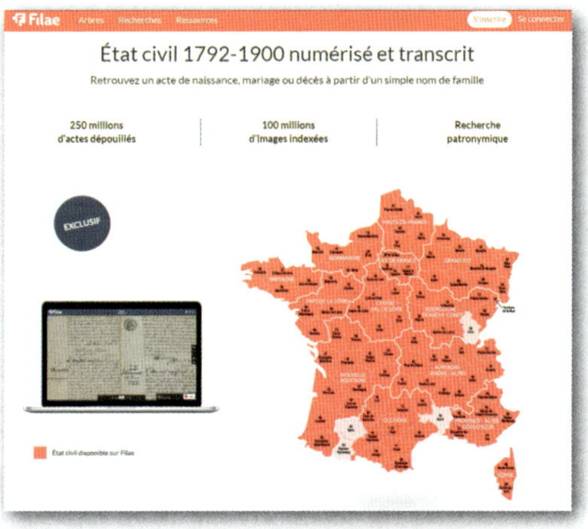

Que propose Filae ?

De l'état civil jusqu'aux bases historiques, Filae propose toute une palette de données pour vous aider à reconstituer votre arbre généalogique et à écrire votre histoire familiale. Quatre grands types d'informations (archives indexées, relevés d'associations, bases historiques et généalogies en ligne) vous permettent de bien cibler vos recherches.

Le rêve de Toussaint Roze

« Rien n'est plus enthousiasmant que de permettre à tous les internautes de se lancer dans la quête de leurs origines. En quelque sorte, nous leur rendons leur mémoire familiale ! » a déclaré Toussaint Roze. L'objectif est clair, utiliser les nouvelles technologies pour faciliter l'accès aux fonds documentaires : les internautes doivent pouvoir y chercher, cliquer et les consulter. Si cela paraît simple, un travail de titan est nécessaire en amont : les archives sont indexées nominativement puis les données injectées dans une base unique que l'on peut interroger facilement et rapidement. C'est le travail colossal auquel s'attache Filae.

! L'indexation d'archives est un long travail ; tout n'est pas encore en ligne, mais les données s'accroissent sans cesse. Il faut donc aller régulièrement sur le site.

Les archives indexées

L'originalité de Filae, c'est l'accès en un clic à l'acte indexé. Pas besoin de faire une recherche page à page, ni une démarche en deux temps (d'abord un relevé d'état civil puis une visite sur le site des archives départementales pour regarder l'acte). Sur Filae, vous visualisez directement l'acte de naissance, de mariage ou de décès. Filae a parcouru 100 millions de pages de l'état civil du XIXe siècle et transcrit chaque acte en notant le nom, le prénom, la date, le lieu et le type d'événement. Cette indexation systématique a permis de créer une base de 250 millions de personnes.

L'indexation de l'état civil du XIXe siècle n'est qu'une étape. D'autres archives numérisées seront indexées avec un accès direct à l'acte. Déjà, depuis septembre 2017, chacun peut rechercher et trouver une personne dans les recensements de 1906 : plus de 20 millions de personnes sont indexées, la France de la Belle Époque !

Les relevés d'associations

Filae travaille depuis de nombreuses années avec des associations de généalogie, rétribuées en échange des données diffusées sur le site aux abonnés Filae. Les associations de généalogie réalisent en effet des indexations systématiques de l'état civil et des registres paroissiaux. Les relevés sont très souvent détaillés puisque, en plus de la personne concernée, les parents et le conjoint sont aussi transcrits. Les relevés ne donnent pas accès à l'acte correspondant, mais constituent des clés de recherche fortement intéressantes !

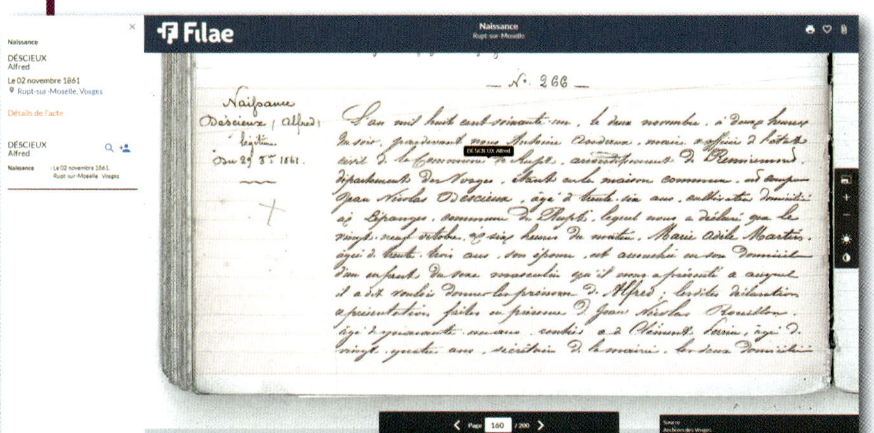

Un acte de naissance indexé parmi les millions de pages de l'état civil indexé par Filae.

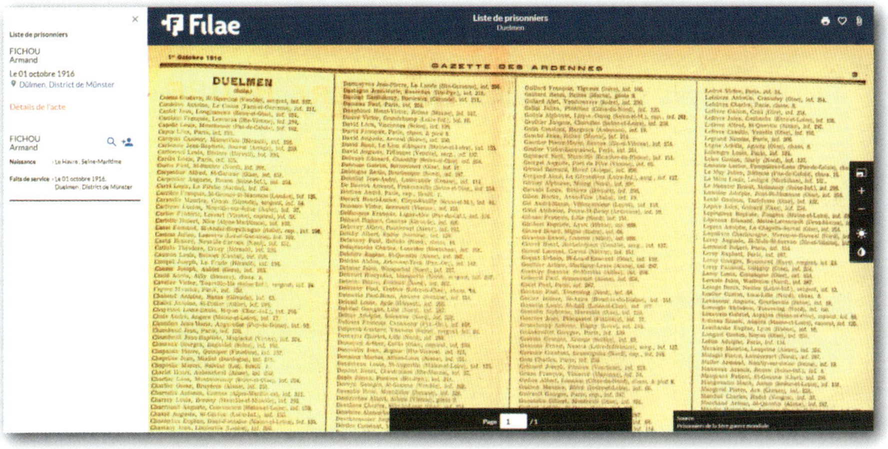

Vous trouvez aussi sur le site de Filae de nombreuses bases de données historiques. Ici, une liste de prisonniers.

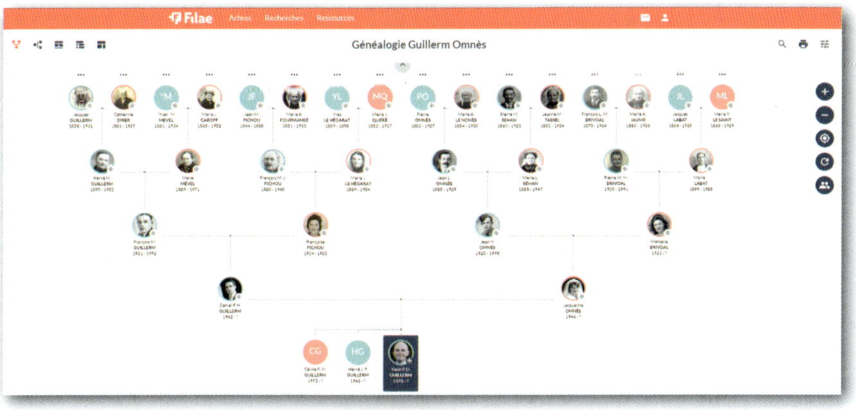

Un arbre généalogique déposé sur Filae.

Les généalogies

Chaque internaute peut saisir sa généalogie ou l'importer pour la mettre en ligne sur Filae. Ainsi, des milliers d'arbres généalogiques dont les créateurs ont laissé l'accès libre pour tous sont accessibles par le moteur de recherche. Vous pouvez y trouver des événements, des personnes et surtout des branches entières de votre généalogie, avec peut-être un cousinage plus ou moins lointain à la clé ! Ces généalogies étant le fruit de recherches personnelles, les arbres sont donc plus ou moins complets selon l'avancée du travail et selon l'axe de recherche de leurs créateurs. Ils représentent de très bonnes pistes, mais cela ne vous empêche pas de vous reporter aux actes pour y lire tous les détails… et poursuivre au-delà !

Les bases historiques

Comme évoqué dans les pages précédentes, le site de Filae possède aussi une belle collection de données historiques. Ces bases ont été créées à partir d'archives, mais aussi grâce à des listes nominatives parues dans des publications officielles, des revues, des dictionnaires anciens, etc. Elles sont très utiles pour enrichir une généalogie, trouver la trace d'un ancêtre un peu notable ou pour lier la grande et la petite histoire. Vous découvrirez peut-être avec surprise que l'un de vos ancêtres ou un membre de sa famille ont été décorés de la Légion d'honneur ou encore que certains parents ont été guillotinés sous la Révolution française.

Essayer, s'inscrire et s'abonner

Pourquoi doit-on s'inscrire sur Filae et donner son email ? Qu'est-ce qui est gratuit ? Qu'est-ce qui est payant ? Comment et où gérer son abonnement ? Voici les réponses à ces interrogations récurrentes sur les services et sur l'abonnement Premium.

Des services gratuits

Filae propose des services gratuits concernant la recherche et la création ou la mise en ligne de généalogies. Sans être inscrit, il est en effet possible de réaliser une recherche en allant sur filae.com/recherche. Vous y verrez tous les résultats de la recherche par événements, sources ou lieux, mais sans les détails qu'une personne abonnée voit (des caches rouges masquent certaines informations comme la date, la commune ou les années de vie de la personne). Vous avez quand même une idée de ce qui est disponible avec le nombre de résultats, ainsi que les régions et départements où les données sont présentes. Si vous cliquez sur un résultat, vous êtes invité à consulter ce document gratuitement, c'est-à-dire à activer votre essai gratuit.

> **!** Vous aviez un compte sur genealogie.com ? Lors du passage à filae.com, tout a été conservé. Vous vous connectez avec les mêmes identifiants.

Une fois que vous êtes inscrit, vous profitez déjà de Filae gratuitement car vous pouvez réaliser des recherches avancées en utilisant des filtres pour cibler vos recherches. Pour visualiser les résultats, vous devez activer un essai gratuit en saisissant votre numéro de téléphone portable. L'essai gratuit vous offre un accès total au site et vous permet ainsi de tester le club Premium pour quelques recherches. Puis vous vous abonnez ou vous choisissez de garder l'offre de base (Filae gratuit). Celle-ci vous laisse accéder aux fiches des personnes présentes dans les arbres généalogiques et converser avec les autres membres de Filae grâce à une messagerie Internet.

La saisie et l'import d'une généalogie reste aussi possible et est gratuite sur Filae. Toutes les fonctions sont présentées dans la troisième partie du guide. Si votre généalogie est saisie ailleurs, vous l'importez par gedcom ce qui vous permet de profiter des indices de recherche qui sont détectés. En effet, Filae compare chaque personne de votre arbre aux collections afin de trouver des concordances. Vous trouverez ainsi peut-être des informations que vous n'aviez pas ou un cousinage avec un autre membre de Filae.

L'abonnement Premium

Pour bénéficier des consultations d'archives et de fonctions étendues, il faut vous abonner au club Premium. Filae vous propose deux durées, six mois ou un an. L'abonnement se réalise avec un paiement par carte bancaire, par paypal ou par chèque. Avec les deux premiers paiements, une reconduction tacite est activée, c'est-à-dire qu'à la fin de votre abonnement, le paiement pour la période suivante est prélevé automatiquement. Vous devez donc résilier votre abonnement avant la date anniversaire si vous ne souhaitez pas poursuivre. Un email vous est d'ailleurs toujours envoyé 30 jours avant pour vous informer de la fin de la période en cours et de la reconduction tacite.

L'abonnement Premium vous donne accès à l'ensemble des bases et des collections sans restriction.

Comment procéder ?

Si vous n'avez pas encore de compte, allez sur filae.com et cliquez tout simplement sur *S'inscrire* en haut à droite dans le menu. Remplissez le formulaire qui s'affiche : il vous permet de vous inscrire et d'activer l'essai gratuit évoqué en page de gauche. Notez pour cela votre email et un mot de passe, ils seront ensuite pour vous les clés de connexion à votre compte.
Lorsque vous aurez fini votre essai gratuit, vous recevrez un email vous proposant de vous abonner au club Premium (www.filae.com/premium) ; vous verrez aussi ce même message en vous connectant à votre compte.

Se connecter

Lorsque vous arrivez sur le site, regardez bien en haut à droite ce qui est indiqué. S'il est écrit *Se connecter*, cliquez alors sur le message pour accéder à votre compte, profiter de votre abonnement Premium et avoir accès à tout le site.
Vous voyez que vous êtes connecté quand les mots *Se connecter* sont remplacés par une petite silhouette.

Gérer son compte

Cliquez sur l'icône *Gérer son compte* puis sur *Mon compte* et définissez votre profil public, c'est-à-dire ce que verront les visiteurs de votre généalogie, en cliquant dans les différentes rubriques.
Vous pouvez par exemple créer un pseudonyme remplaçant vos nom et prénom si vous voulez rester discret mais aussi indiquer votre lieu de résidence et votre lieu d'origine, donner une petite description de vos recherches, mentionner un site extérieur ou votre compte Facebook, préciser les associations de généalogies auxquelles vous adhérez...
La seconde partie permet de noter des renseignements qui restent totalement privés : nom et prénom, date et lieu de naissance, adresse et téléphone. Notez aussi que vous pouvez mettre votre photo ou choisir une image qui apparaîtra dans un bandeau d'illustration.

	Filae gratuit	Club Premium
Services		
Recherche avancée	oui	oui
Création illimitée d'arbres généalogiques	oui	oui
Messagerie privée entre membres	oui	oui
Import / export illimité de gedcom	oui	oui
Import des actes dans les arbres		oui
Archivage des consultations		oui
Consultation d'archives		
Fiche issue d'arbres généalogiques	oui	oui
État civil numérisé et indexé		oui
Relevés associatifs		oui
Archives militaires		oui
Sources officielles (*Bulletin des lois*)		oui
Naturalisations		oui
Archives numérisées		oui
Recensements		oui

À gauche, vous trouverez l'onglet *Paramètres* où vous pouvez modifier votre email et votre mot de passe de connexion. Choisissez-y aussi vos préférences de notifications d'emails (pour les arbres et la messagerie privée) et de réceptions des newsletters. Enfin, à gauche aussi, cliquez sur *Abonnement*. Cette partie vous indique tous les détails sur votre abonnement : numéro, tarif, date de fin et factures. La résiliation s'effectue sur cette page, par un bouton qui annule le prochain prélèvement.

L'ÉTAT CIVIL INDEXÉ

L'état civil est le principal fonds d'archives : ceux qui veulent reconstituer leur arbre doivent l'explorer pour retrouver naissances, mariages et décès. Filae a donc concentré ses efforts sur cette source primordiale, mais des sources secondaires sont proposées si l'état civil a disparu.

Petite histoire de l'état civil

En 1789, les révolutionnaires décident d'enregistrer les naissances, les mariages et les décès de tous les Français dans des registres laïcs. L'état civil est ainsi créé en 1792. Auparavant, les prêtres catholiques notaient baptêmes, mariages et sépultures (BMS) dans des registres paroissiaux, mais les recherches sur les familles protestantes ou juives sont plus difficiles.

À partir de 1897, tout mariage doit être reporté dans la marge des actes de naissance des époux. À partir de 1945, tout décès est inscrit aussi dans la marge de l'acte de naissance du défunt. Ces mentions marginales facilitent les recherches.

! L'état civil indexé c'est 90 départements, 250 millions d'actes et bientôt plus avec les nouvelles numérisations.

Jusqu'en 2016, les registres d'état civil étaient réalisés en double exemplaire par sécurité. Cela n'a pas empêché en 1871, lors de la Commune et des incendies de l'hôtel de ville et du palais de justice, la disparition totale de l'état civil de Paris antérieur à 1860 et des registres paroissiaux parisiens antérieurs à 1792. Les guerres ont aussi entraîné des pertes dans les archives. En clair, l'état civil peut s'avérer lacunaire à certains endroits et pour certaines périodes.

La carte des départements dont l'état civil a été indexé par Filae.

L'indexation du XIXe siècle

Filae a décidé d'indexer entièrement l'état civil du XIXe siècle et de réaliser une liaison directe vers l'acte. Chaque acte a été lu, puis le nom et les prénoms de la personne concernée, la date et lieu de l'événement ont été saisis. Ce travail de titan a permis de passer à la loupe 100 millions de pages et de créer une base de 250 millions de personnes. Grâce à un moteur de recherche unique, il suffit de saisir au moins un nom et les actes d'état civil apparaissent.

Cette indexation facilite grandement les recherches et l'accès aux documents originaux, mais elle dépend de l'état d'avancement des numérisations des archives. Ainsi, fin 2017, vous ne trouverez pas d'archives numérisées et indexées pour le Gard, le Gers, le Jura, les Hautes-Pyrénées, les départements et collectivités d'outre-mer. Pour d'autres, l'état civil n'est numérisé que jusqu'en 1885 tandis que pour certains les numérisations vont jusqu'en 1905. Par ailleurs, l'état civil de certaines communes n'est pas conservé aux AD, d'où une absence de numérisation et donc d'indexation. Filae souhaite bien sûr combler ces lacunes dans les prochaines années.

Quelles sont les données consultables ?

Les données ont été indexées dans le cadre des autorisations de la Commission nationale de l'informatique et des libertés (CNIL). Vous trouverez donc les actes de naissance de plus de 120 ans révolus, les actes de mariages de plus de 104 ans révolus et les actes de décès de plus de 75 ans révolus. Ainsi, en 2018, vous ne verrez pas d'actes de naissance postérieurs à 1897 et les mentions marginales sont masquées de façon systématique sur tous les actes. Vous verrez donc des carrés noirs lorsqu'un mariage, un décès ou tout autre événement a été reporté dans la marge d'un acte. Pour lire ces mentions, vous devrez aller sur le site des AD et chercher l'acte.

L'état civil reconstitué de Paris

Vous avez vu précédemment que l'état civil de Paris antérieur à 1860 a disparu, soit huit millions d'actes environ. Aussitôt après le désastre, le gouvernement décida de reconstituer l'état civil, créant des fiches à partir des papiers de famille, des extraits d'actes conservés par les particuliers et des documents notariés qu'on voulait bien lui apporter. Bien sûr cette reconstitution est partielle et ne fournit pas tous les détails.

À partir de 1924, le généalogiste successoral Maurice Coutot entame un relevé systématique des actes de naissances, mariages et décès du XIXe siècle conservés dans les paroisses du diocèse de Paris et de la proche banlieue. Au total, plus d'un million d'actes sont compilés. Ce sont ces archives, sous forme de fiches numérisées et indexées, qui sont proposées chez Filae. Même si les informations sont parfois parcellaires ou sans indication des filiations, ce fonds représente une source essentielle pour des recherches sur Paris.

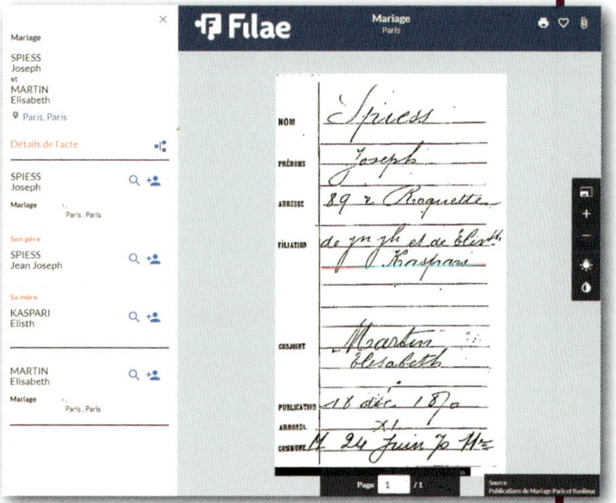

Une publication de mariage parisien de 1870 relevée par le cabinet Coutot et indexée sur Filae.

Les autres sources parisiennes

Le cabinet Coutot a aussi reporté sur des fiches les bans de mariage de Paris et d'une centaine de communes de l'ancien département de la Seine (regroupant les Hauts-de-Seine, la Seine-Saint-Denis et le Val-de-Marne). La publication des bans est une procédure obligatoire précédant le mariage et le rendant public, pour que d'éventuelles oppositions puissent se manifester. Ce fonds numérisé et indexé permet de trouver des bans publiés entre 1860 et 1902, avec une fiche pour chaque époux, leur identité et leur adresse.

Et ailleurs ?

Vous trouverez aussi sur Filae un index nominatif des actes de mariages marseillais entre 1810 et 1915, réalisé aussi par le cabinet Coutot.

Si l'état civil fait défaut, d'autres sources peuvent fournir des dates et des lieux. Ainsi, les recensements ou les *Bulletins des lois* indiquant à travers les obtentions de pension, la date et le lieu de naissance. Ces deux sources indexées sur Filae sont présentées dans les pages qui suivent.

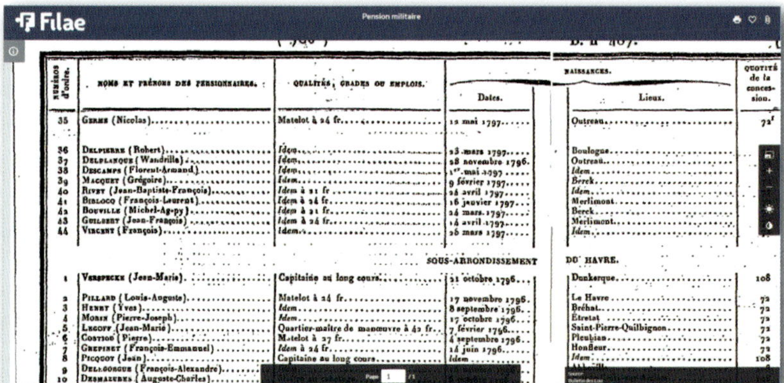

Page du Bulletin des lois listant des attributions de pension militaire. Les pensionnés ont eux aussi été indexés par Filae.

Les recensements

Les recensements sont des documents riches en informations et très utiles aux généalogistes. Leurs archives sont pourtant peu consultées car les recherches y sont fastidieuses et longues, particulièrement pour les communes importantes. Filae propose aujourd'hui leur consultation via une indexation systématique comme pour l'état civil.

Des dénombrements de population

Le recensement est une opération statistique de dénombrement d'une population, foyer par foyer. Elle a eu lieu tous les cinq ans de 1836 à 1946, avec quelques exceptions dues aux guerres (celui de 1871 est réalisé en 1872 et ceux de 1916 et 1941 sont annulés) ou à la taille de la commune : ainsi, il n'y a pas eu de recensement à Paris avant 1926, compte tenu de la complexité de la mise en œuvre et de l'ampleur de la tâche. Bien dommage pour les généalogistes ! Les recensements sont réalisés sur le territoire français ce qui implique que certains départements n'ont pas une suite complète depuis 1836 : la Moselle, le Bas-Rhin et le Haut-Rhin ont été annexés à l'Allemagne de 1871 à la fin de la Première Guerre mondiale ; les départements de Savoie et de Haute-Savoie n'ont été créés qu'en 1860, après l'intégration du duché de Savoie à la France.

> **!** L'indexation du recensement de 1906, c'est 500 000 images passées à la loupe et plus de 20 millions de personnes dans une base unique ! Pour rechercher directement dans les recensements, allez sur filae.com/recensements ou sélectionnez le filtre recensements dans les sources.

Une source précieuse sur vos ancêtres

Les recensements constituent une source exceptionnelle d'informations pour l'histoire familiale. Vous y découvrez où vivaient vos aïeux très exactement puisque sont précisés le lieu-dit (pour la campagne), le numéro de la maison ou de l'immeuble et la rue (pour la ville). C'est d'autant plus intéressant que ce n'est pas forcément indiqué dans les actes de l'état civil. Vous voyez aussi avec qui ou chez qui vivaient vos ancêtres : avec leur famille ou chez un patron, avec parfois d'autres domestiques ou employés.

Des pistes de recherche

La commune de résidence et les communes de naissance notées dans les archives des recensements sont autant de lieux à explorer pour trouver d'autres actes d'état civil. Ainsi un mariage jusque-là introuvable pourrait être déniché dans la commune de naissance de l'épouse ou du premier enfant. Les recensements permettent aussi parfois de découvrir l'existence d'une personne de la famille jusque là inconnue, parce qu'elle est hébergée par vos ancêtres, ou de retrouver des informations permettant d'affiner les recherches, notamment pour les ancêtres voyageurs !

Carte de France des recensements disponibles à ce jour sur Filae.

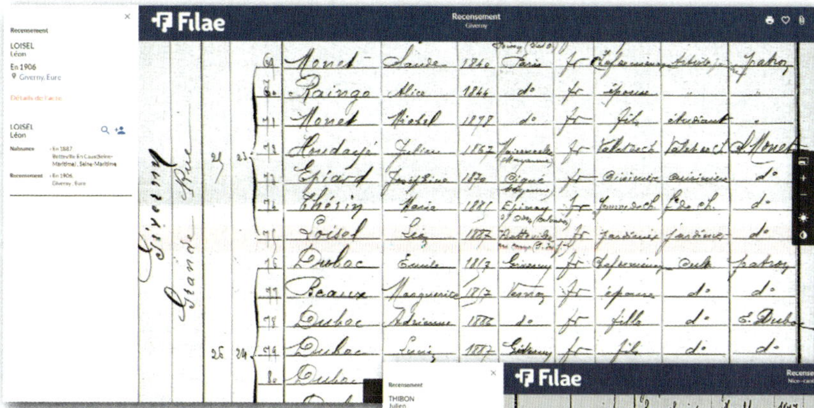

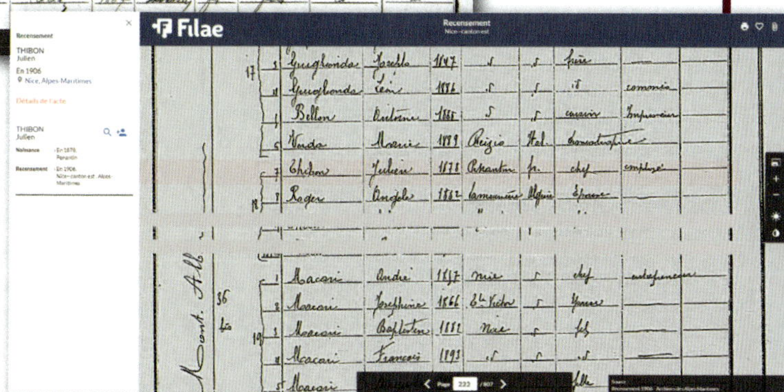

Recensements en 1906 de Léon Loisel à Giverny (Eure) et de Julien Thibon à Nice (Alpes-Maritimes).

L'indexation, un travail de titan

Dans son indexation des recensements, Filae a noté le nom et prénom de chaque personne, la commune habitée, l'année et le lieu de naissance. Vous pouvez découvrir ainsi une résidence par la ville de naissance ou vice versa !

Comme pour l'état civil, la recherche se fait très simplement sur le nom et vous accédez directement à la page du recensement ! Magique, non ? Attention : les femmes sont parfois nommées sous le patronyme de leur mari. Enfin, les personnes nées il y a moins de 120 ans sont masquées et non indexées, pour respecter les recommandations de la CNIL, ce qui concerne les personnes nées entre 1897 et 1906 ou 1911 selon le recensement. Au fur et à mesure du temps, ces individus seront dévoilés. Vous pouvez cependant déjà déterminer le nombre d'enfants nées après 1896 grâce au nombre de lignes cachées !

Quelques exemples de recherches

Les recensements vous apprennent que Léon Loisel, né en 1887 à Betteville-en-Caux (en Seine-Maritime), réside en 1906 dans la propriété du peintre Claude Monet à Giverny où il exerce la profession de jardinier.

Vous découvrirez peut-être aussi que votre ancêtre résidait provisoirement dans un hôtel, comme le dramaturge et poète Paul Claudel qui habite en 1906, à l'hôtel de l'Europe tenu par Marie Crépaud et son frère André, au 1 rue Bellecour à Lyon ; il est alors consul de France en Chine.

Autre exemple : les recherches étaient restées vaines sur l'origine et l'ascendance d'Angèle Roger et de son époux Julien Thibon. La situation a été débloquée grâce au recensement de 1906. Il indique que l'époux est né à Penantin en 1878 et sa femme à Lamounière en 1882. Impossible au départ d'identifier ces communes mal orthographiées, mais la mention de la nationalité « Algérie » pour l'épouse fut la clé : une recherche rapide sur le site des Archives nationales d'outre-mer a permis de trouver leur acte de mariage et donc de connaître les lieux de naissance exact, Pennautier dans l'Aude pour Julien Thibon et Lamoricière en Algérie pour Angèle Roger !

Les relevés des associations

Les associations de généalogie, très actives en France, réalisent des relevés systématiques de l'état civil et des registres paroissiaux. Certains dépouillements accessibles sur le site de Filae vous seront particulièrement utiles pour retrouver vos ancêtres et leurs familles.

Les associations partenaires

Sur Filae, vous trouvez l'indexation et les images numérisées de l'état civil mais aussi des relevés d'actes (sans image) réalisés et déposés sur le site par plus de 70 associations de généalogie françaises et étrangères. En 2017, ces relevés représentent plus de 300 millions d'individus.

En France, les associations ont commencé à réaliser des relevés systématiques d'actes dès les années 1970 pour faciliter les recherches généalogiques de leurs membres, surtout lorsque leurs ancêtres voyageaient de commune en commune, voire d'un département ou d'une région à l'autre! Avec l'arrivée de l'informatique puis d'Internet, des bases de données ont été créées pour mettre en ligne ces dépouillements d'archives et rendre les découvertes familiales encore plus aisées!

> ! Certains relevés sont d'autant plus intéressants qu'ils fournissent des informations sur des archives qui ne sont pas encore sur Internet.

Un partenariat a été établi avec des associations pour que ces relevés soient accessibles aux membres Premium de Filae. En échange, les associations obtiennent une rétribution, qui est une source de revenus pour financer leur fonctionnement (locaux, matériels, etc.). Elles font en même temps connaître leur activité auprès des utilisateurs de Filae et leurs membres peuvent avoir droit à un tarif préférentiel s'ils souhaitent s'abonner au site. Signalons que Filae leur propose aussi une aide technique et financière lors des événements qu'elles organisent, comme des salons ou des congrès de généalogie.

Ainsi, grâce aux associations, Filae met en ligne mensuellement de nouvelles données et de nouveaux relevés qu'elles lui ont adressés.

Pour information, lorsque vous lancez une recherche et que vous consultez un relevé, le nom de l'association apparaît toujours en bas à droite.

Les documents relevés

Les associations de généalogie dépouillent bien sûr en priorité l'état civil (naissances, mariages et décès), mais aussi les registres paroissiaux (baptêmes, mariages et sépultures), qui sont une aide pour reconstituer votre arbre généalogique sur de nombreux siècles. Le dépouillement des registres paroissiaux permet de passer la Révolution et de trouver plus facilement les actes avant 1792 : avec leur référence, vous pouvez aller sur le site Internet des archives départementales concernées ou sur place pour consulter le document.

Certains associations s'attachent à dépouiller d'autres types d'archives riches d'informations, pour en savoir plus sur vos ancêtres ou pour pallier des destructions ou des lacunes de l'état civil ou des registres paroissiaux (ils ne commencent parfois dans certaines communes qu'en 1700 par exemple).

Parmi les fonds analysés : des actes notariés, dont des contrats de mariage intéressants à double titre, des compoix, des recensements, etc. autant de documents qui donnent des informations biographiques et de niveau de vie. Double intérêt : si vous n'avez pas trouvé un mariage ou si celui-ci n'indique pas les parents, le contrat de mariage vous apporte la solution !

Donc, dans un relevé, si vous lisez la mention entre parenthèses *Not* avec un nom, il s'agit du nom du notaire qui a établi l'acte ; il ne vous reste plus qu'à aller consulter l'acte aux archives départementales (parfois sur leur site Internet, mais c'est rare).

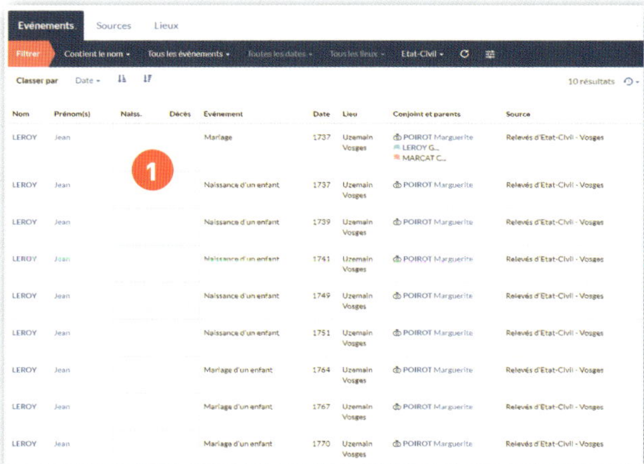

Nom	Prénom(s)	Naiss.	Décès	Événement	Date	Lieu	Conjoint et parents	Source
LEROY	Jean			Mariage	1737	Uzemain Vosges	POIROT Marguerite, LEROY G..., MARCAT C...	Relevés d'Etat-Civil - Vosges
LEROY	Jean			Naissance d'un enfant	1737	Uzemain Vosges	POIROT Marguerite	Relevés d'Etat-Civil - Vosges
LEROY	Jean			Naissance d'un enfant	1739	Uzemain Vosges	POIROT Marguerite	Relevés d'Etat-Civil - Vosges
LEROY	Jean			Naissance d'un enfant	1741	Uzemain Vosges	POIROT Marguerite	Relevés d'Etat-Civil - Vosges
LEROY	Jean			Naissance d'un enfant	1749	Uzemain Vosges	POIROT Marguerite	Relevés d'Etat-Civil - Vosges
LEROY	Jean			Naissance d'un enfant	1751	Uzemain Vosges	POIROT Marguerite	Relevés d'Etat-Civil - Vosges
LEROY	Jean			Mariage d'un enfant	1764	Uzemain Vosges	POIROT Marguerite	Relevés d'Etat-Civil - Vosges
LEROY	Jean			Mariage d'un enfant	1767	Uzemain Vosges	POIROT Marguerite	Relevés d'Etat-Civil - Vosges
LEROY	Jean			Mariage d'un enfant	1770	Uzemain Vosges	POIROT Marguerite	Relevés d'Etat-Civil - Vosges

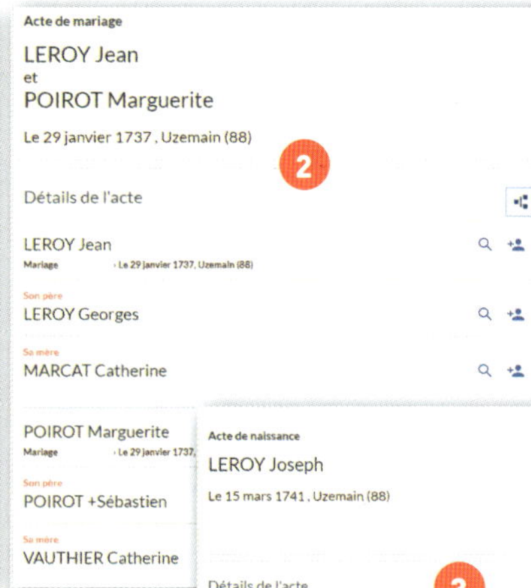

Résultats de la recherche d'informations sur Jean Leroy et Marguerite Poirot (1).
Vous en extrayez entres autres :
- le relevé du mariage de Jean Leroy et Marguerite Poirot avec la date, le lieu et les parents (2).
- le relevé de l'acte de baptême de Joseph, fils de Jean Leroy et Marguerite Poirot (3).
- l'acte de mariage en 1764 de Joseph Poirot né en en 1741 (4).

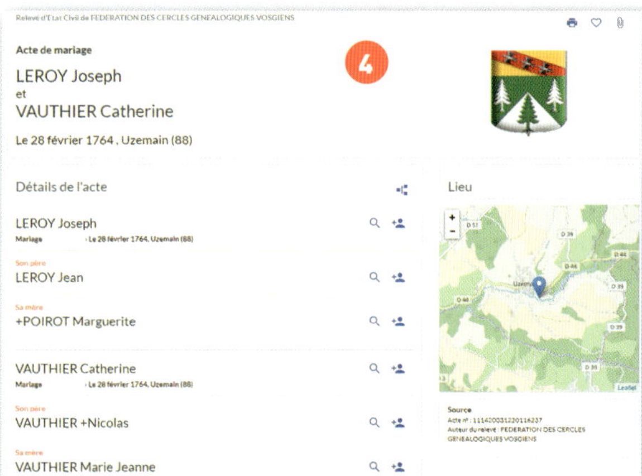

Les indexations réalisées par Filae donnent le nom et le prénom de la personne concernée par l'acte. Un relevé réalisé par une association est souvent plus riche, parce qu'il indique les parents ainsi que les conjoints lorsqu'ils sont cités. Chaque personne est indexée dans le moteur de recherche sauf les témoins qui apparaissent aussi parfois à la fin du relevé. Vous réalisez des recherches sur vos ancêtres, par exemple Jean Leroy et Marguerite Poirot dans les Vosges ? En saisissant les noms et prénoms du couple dans le formulaire puis en lançant la recherche, vous obtenez toute une série de résultats : leur mariage en 1737, cinq naissances d'enfants de 1737 à 1751 et trois mariages d'enfants de 1764 à 1770. En fait : tous les actes où ils sont cités ! Le lancement d'une recherche peut ainsi aboutir à visualiser les actes de toute une famille et à la suivre au fil du temps. Un couple peut aussi être cité dans un acte de décès, que ce soit celui qui concerne l'un des conjoints ou l'un des enfants.

Notez que le signe + à côté du prénom d'une personne signifie que la personne est décédée avant la date du document. Si vous obtenez un relevé qui n'indique pas les parents, allez quand même voir l'acte car le père et la mère n'ont peut-être pas été notés dans le dépouillement. Plus généralement, même un relevé filiatif ne dispense pas d'aller consulter le document original, car les détails sont eux aussi utiles et riches d'informations : personnes présentes citées (témoins, parrains et marraines), signatures, lieux-dits, etc. Bref, les relevés sont des outils mais la consultation des documents originaux est nécessaire !

En dehors de l'état civil, des registres paroissiaux ou des recensements, d'autres fonds d'archives sont indexés sur Filae. Ils vous permettent d'en savoir plus sur la vie quotidienne de vos ancêtres ou de débloquer une recherche. Voici les principales bases de données historiques en ligne...

Le *Bulletin des lois*

Le *Bulletin des lois* est édité par l'État du début du XIXe siècle jusqu'au début du XXe siècle. Cet ancêtre du *Journal officiel* est un recueil officiel des lois, ordonnances et règlements. À première vue, ces volumes administratifs semblent bien loin de l'univers des généalogistes. Pourtant ils constituent une source intéressante pour étoffer votre histoire familiale, car ils recensent des attributions de pensions avec des récapitulatifs de carrière dans la fonction publique ou l'armée, des décorations, des naturalisations, des mentions pour faits de guerre ou de bravoure, des legs à la France, des brevets d'inventions... La liste des événements est longue! Plus besoin de compulser des milliers de pages puisque ce périodique est numérisé, indexé et accessible sur Filae. Ainsi, lorsque vous faites une recherche sur un nom, un événement issu du *Bulletin des lois* peut apparaître.

> **!** Pour connaître la liste des bases présentes sur Filae, cliquez dans le menu *Recherches* puis sur *Rechercher par source.* Toutes les archives sont classées par thème.

Les pensions

L'État accorde une pension de retraite dès le XIXe siècle aux militaires et fonctionnaires ayant eu une carrière entière, aux invalides et à leurs ayants-droits: soldats et officiers, marins, facteurs, instituteurs, conseillers, personnels des administrations, etc. Ces pensions accordées par décret sont publiées dans le *Bulletin des lois* avec des informations très précises: identité du pensionnaire, date et lieu de naissance, grade, nature des services, lieu d'habitation au moment du départ en retraite et montant de la pension. Comme les fonctionnaires ou militaires peuvent bouger au cours de leur carrière et qu'il est parfois difficile de suivre leurs traces, vous les localisez au moins à leur retraite grâce au *Bulletin des lois*.

Un exemple: le *Bulletin des lois* indique que Jean Baptiste Marie Sonthonnax, né le 5 février 1873 à Aprémont (Ain), obtient une pension militaire de 366 francs en 1830 pour ses années de service en tant que brigadier de la compagnie de gendarmerie royale du Puy-de-Dôme. Il habite à ce moment-là Arbois dans le Jura.

Autre exemple: à la mort d'un pensionné, son conjoint ou ses enfants mineurs obtiennent une pension de réversion. Ainsi une Magdeleine Angélique Séré obtient une pension de réversion en 1877. Née le 5 décembre 1826 à Dieppe, elle est veuve de Jean Marc Antoine Simon Hébert, matelot pensionné (vous pouvez rechercher les informations sur sa pension). Leurs deux filles sont citées, Marie Léontine, née le 16 janvier 1866, et Louise Ernestine, née le 10 avril 1868, nées comme leur mère à Dieppe.

Les legs et donations

Le *Bulletin des lois* est une source pour retrouver des legs et donations à des œuvres puisque plus de 55 000 personnes sont concernées entre 1811 et 1918. Vous retrouvez le lieu, la date, l'identité du mandataire et du bénéficiaire de legs et de donations. Attention: le prénom de l'individu n'est pas toujours indiqué.

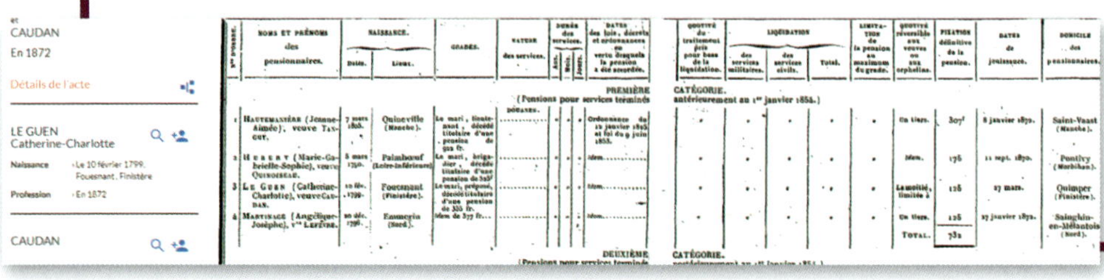

Catherine Le Guen reçoit une pension en 1872 suite au décès de son mari préposé.

La nationalité

Trois bases historiques sont intéressantes pour vous sur ce sujet:

– la base des naturalisations. Si l'un de vos ancêtres est venu de l'étranger, vous trouverez peut-être son décret de naturalisation parmi les 265 000 naturalisés indexés du XIXe siècle. Le décret indique la date et le lieu de naissance de l'individu, les noms de ses parents et le numéro du décret. Vous pourrez ensuite aller consulter son dossier aux Archives nationales où il est conservé;

– la base des options de 1871-1872. Après la défaite de 1871, une clause du traité de Francfort demande aux Alsaciens et aux Lorrains nés dans les zones annexées de choisir entre les deux nationalités, la française et l'allemande. Ce choix est publié dans le *Bulletin des lois* où vous trouverez donc une base de 380 000 optants à la nationalité française (Alsace-Lorraine), qui indique, pour chaque personne: l'identité, la date et le lieu de naissance de l'optant, le domicile au moment de l'option et la date de l'option. Vous apprendrez par exemple que Victor Jules Notter, né le 13 janvier 1851 à Strasbourg opte pour la nationalité française en 1872 et qu'il habite alors Blidah en Algérie: une piste pour retrouver des cousins de l'autre côté de la Méditerranée!

– les Français aux États-Unis. Un oncle d'Amérique? Une base Filae recense plus de 78 000 Français et francophones ayant obtenu la nationalité américaine entre le XVIIe siècle et le début du XXe siècle. Les renseignements sont succincts mais offrent déjà un bon début de recherche.

Les ancêtres voyageurs

De nombreux Français ont traversé l'Atlantique pour tenter l'aventure au Canada ou aux États-Unis. L'embarquement sur un bateau faisait l'objet d'un enregistrement, très utile aujourd'hui aux chercheurs. Sur le site Filae, trois bases recensent près d'un million de personnes parties au XIXe siècle ou au XXe siècle. On y trouve par exemple Robert F. Martin, un commerçant français débarqué en 1823 à Charleston en Caroline du Sud après avoir traversé l'Atlantique à bord du schooner Aurora. Les renseignements sont souvent succincts mais vous aident à compléter le puzzle familial. Vous verrez aussi que certaines personnes font très régulièrement l'aller-retour entre la France et l'Amérique.

Un inventeur?

Si votre aïeul avait déposé un brevet d'invention au XIXe siècle, vous le saurez grâce au *Bulletin des lois* qui les publie. Vous découvrirez son lieu de résidence, le descriptif de son invention, la date du dépôt et la durée du brevet. Plus de 86 000 créateurs sont ainsi recensés dans la base *Brevets d'inventions*. Parmi eux, citons à titre d'exemple Arsène Deshays qui dépose le 26 avril 1846 dans le département de la Seine un brevet de quinze ans pour un métier circulaire propre à la fabrication des tricots.

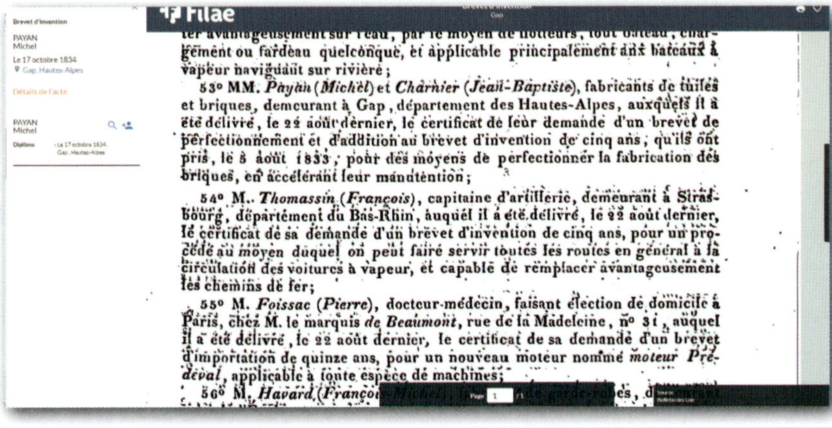

gément ou fardeau quelconque, et applicable principalement aux bateaux à vapeur naviguant sur rivière;

53° MM. *Payan (Michel)* et *Charnier (Jean-Baptiste)*, fabricants de tuiles et briques, demeurant à Gap, département des Hautes-Alpes, auxquels il a été délivré, le 22 août dernier, le certificat de leur demande d'un brevet de perfectionnement et d'addition au brevet d'invention de cinq ans, qu'ils ont pris, le 5 août 1833, pour des moyens de perfectionner la fabrication des briques, en accélérant leur manutention;

54° M. *Thomassin (François)*, capitaine d'artillerie, demeurant à Strasbourg, département du Bas-Rhin, auquel il a été délivré, le 22 août dernier, le certificat de sa demande d'un brevet d'invention de cinq ans, pour un procédé au moyen duquel on peut faire servir toutes les routes en général à la circulation des voitures à vapeur, et capable de remplacer avantageusement les chemins de fer;

55° M. *Foissac (Pierre)*, docteur-médecin, faisant élection de domicile à Paris, chez M. le marquis *de Beaumont*, rue de la Madeleine, n° 31, auquel il a été délivré, le 22 août dernier, le certificat de sa demande d'un brevet d'importation de quinze ans, pour un nouveau moteur nommé *moteur Prédeval*, applicable à toute espèce de machines;

56° M. *Havard (François* [illegible]

Michel Payan et Jean-Baptiste Charnier déposent un brevet d'invention en 1833. Source: Bulletin des lois.

Quelques-uns de nos ancêtres ont connu une destinée hors du commun lors des guerres et des révolutions. Certaines archives historiques indexées par Filae abordent ces périodes difficiles et peuvent vous aider à retrouver ces aïeux hors normes.

Les archives militaires

Filae a indexé divers fonds d'archives militaires, depuis l'Ancien Régime jusqu'à la Seconde Guerre mondiale, essentiellement des répertoires nominatifs. Vous y trouverez par exemple :

– plus de 23 000 chevaliers de l'Ordre de Saint-Louis (1693-1830), avec leur identité, le grade dans l'armée, la date de nomination et le grade dans l'Ordre (chevalier, commandeur et grand-croix). L'Ordre de Saint-Louis, créé en 1693, honore les officiers de terre et de mer ayant fait preuve de bravoure militaire et en service depuis plus de dix ans ;

– la base *Français engagés dans l'armée américaine*, qui recense plus de 7 300 Français engagés dans l'armée américaine entre 1804 et 1961 ;

– une base de plus de 11 000 *Zouaves pontificaux* entre 1806 et 1871 avec leur date et leur lieu de naissance, les dates d'entrée et de fin de service et leurs éventuelles décorations ;

– de nombreux fonds sur la Première Guerre mondiale, notamment le fameux *Tableau d'honneur de la Grande Guerre*. Ce répertoire photographique comprend plus de 21 000 soldats cités à l'ordre de l'armée, décorés de la médaille militaire ou promus dans l'ordre de la Légion d'honneur. Comme ce précieux document est numérisé, vous visualisez directement un texte auquel est toujours joint le portrait du militaire (ou de l'infirmière).

! Toutes ces bases historiques sont des clefs ouvrant les portes des archives. À vous ensuite de poursuivre des recherches plus poussées aux archives départementales ou au Service historique de la Défense.

Vous retrouvez également sur Filae les indexations de soixante-quinze historiques régimentaires et d'une trentaine de *Livres d'or des décédés* dans une base intitulée tout simplement *Soldats de la Grande Guerre* qui recense plus de 177 000 combattants. Avec la base *Soldats distingués*, vous verrez si un membre de votre famille a été cité à l'ordre de l'armée, décoré de la Légion d'honneur ou de la médaille militaire, dans un fonds qui comprend plus de 144 000 personnes retrouvées dans le *Bulletin des armées*, une source essentielle pour l'histoire de la guerre 1914-1918.

Autre sujet : la *Gazette des Ardennes* a publié à partir de 1915 des listes de soldats français prisonniers en Allemagne ; Filae les a numérisé et indexé, ce qui permet de retrouver plus de 475 000 prisonniers de guerre avec leur lieu de naissance, la date de leur capture et le lieu de leur détention.

Deux bases concernent des soldats belges : *Belges morts pour la Patrie* et *Soldats belges décédés et décorés* ;

– d'autres archives sur la Seconde Guerre mondiale et le XXe siècle ;

– l'indexation de plus d'un million de conscrits du département du Nord entre 1865 et 1932, regroupés dans la partie *Recensements, électeurs*.

Les civils dans la guerre

Les archives militaires ne concernent pas uniquement des soldats. Vous pouvez retrouver des victimes civiles des deux guerres mondiales en Île-de-France, en Normandie et dans les anciennes colonies, ainsi qu'une compilation nominative des familles et des particuliers originaires de l'Est de la France réfugiés en Haute-Savoie en 1914.

Le site mentionne aussi plus de 135 000 personnes déplacées, avec éventuellement leur famille, de 1914 à 1916. Vous avez pour chacune son âge, son lieu d'origine et son lieu de refuge.

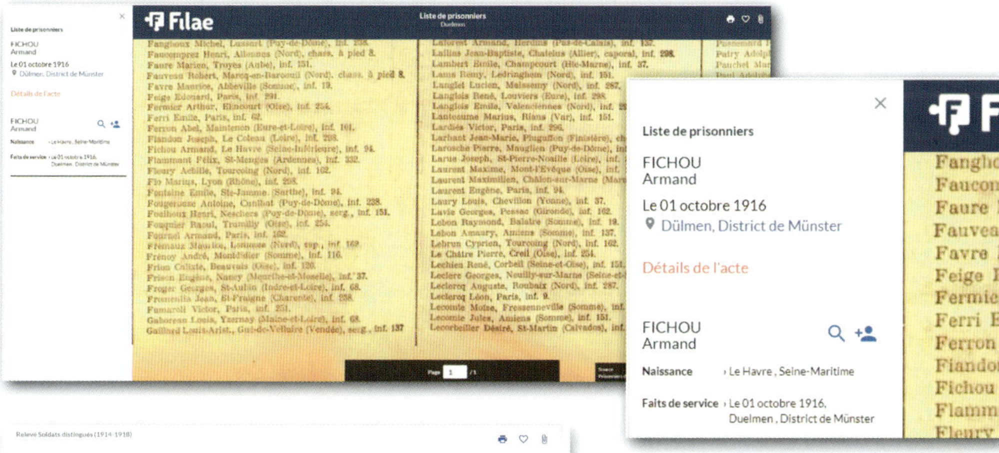

Liste de prisonniers qui nous apprend qu'Armand Fichou se trouve détenu à Dülmen en Allemagne en 1916.

Le Bulletin des armées *nous apprend qu'Henri Descieux reçoit la médaille militaire pour faits de guerre.*

La Révolution

Les bases liées à la Révolution recensent actuellement plus de 80 000 personnes. Sans oublier bien sûr la base des *Prisonniers de la Bastille de 1659 jusqu'à la prise de la citadelle le 14 juillet 1789*: elle donne l'identité (sauf pour l'homme au masque de fer!), les dates d'entrée et de sortie et les motifs d'incarcération des détenus embastillés.

Les autres contenus concernent véritablement la période révolutionnaire et répertorient:

– plus de 12 000 guillotinés avec leur ville de naissance, leurs activités durant la révolution, leurs date et lieu d'exécution – avec par exemple la mention d'un certain « Louis Capet, né à Versailles le 23 août 1754. Il était le 65e et le dernier roi de France. La Convention nationale l'accusa d'avoir conspiré contre la souveraineté du peuple. Il fut condamné à la guillotine à l'âge de 39 ans, le 20 janvier 1793 et exécuté le 21 du même mois »

– plus de 49 000 émigrés avec leur métier, leur ville de résidence et la date d'émigration

– plus de 13 000 condamnés à mort entre 1790 et 1798 avec leur âge, leur lieu de naissance et celui de résidence, leur profession, la date et le motif de leur condamnation à mort, la date et le lieu de leur exécution.

La Légion d'honneur

Filae propose des bases de décorés de la Légion d'honneur. Les informations proviennent du *Bulletin des lois*, du *Journal officiel* et du livre *Les Fastes de la Légion d'honneur* publié en 1841. Cette dernière source est essentielle car de nombreux dossiers de récipiendaires sous l'Empire ont disparu lors des incendies de la Commune en 1871. De plus, ce colossal ouvrage de cinq tomes ne propose pas seulement des listes nominatives mais aussi des fiches biographiques sur chaque légionnaire, avec à chaque fois le grade, la fonction et la date de nomination.

RECHERCHER SES AÏEUX ET LEUR FAMILLE

Commencer sa généalogie

Vous commencez vos recherches généalogiques ? Attention : ne cherchez pas de cousins vivants sur Filae. Filae affiche des données anciennes pour préserver la vie privée de nos contemporains. Remonter quelques générations par vous-même avant de réaliser vos premières découvertes.

Passez le XXe siècle

Avant d'explorer les archives numérisées et indexées du XIXe siècle, il est nécessaire de passer le XXe siècle, soit généralement trois ou quatre générations. Les archives de l'état civil du XXe siècle ne sont que rarement numérisées, encore moins indexées et très peu d'actes sont en ligne, d'autant que la Commission nationale de l'informatique et des libertés (CNIL) préconise de ne pas mettre sur Internet d'informations concernant des personnes contemporaines pour protéger leur vie privée. Pas de panique, remonter vers 1900 est généralement assez rapide, car vous avez souvent tous les éléments chez vous sans le savoir.

Ressortez les papiers de famille

Explorez dans un premier temps vos archives familiales : cherchez dans vos tiroirs les vieux papiers qui comportent des noms, des dates et des lieux. Demandez à vos proches s'ils ne conservent pas eux aussi des trésors insoupçonnés. Le livret de famille est le document à chercher en priorité. Délivré au moment du mariage à partir des années 1880, il indique les dates et lieux de la noce, des naissances des époux, les parents des mariés et les naissances des enfants : trois générations sont ainsi rassemblées de façon précise dans un seul document. À défaut, d'autres vieux papiers sont aussi très utiles, comme des faire-part, des lettres, des copies d'actes de l'état civil, des actes notariés, des livrets militaires, etc.

! Saisissez votre généalogie et réalisez des arbres pour visualiser au fur et à mesure de vos recherches où vous en êtes. Et n'oubliez pas les photos : en plus de mettre un visage sur un nom, elles font resurgir la mémoire de vos proches !

Interrogez vos proches

Tel un détective, menez l'enquête ! Interrogez vos parents, vos grands-parents, vos oncles et vos tantes… Aucun détail n'est à négliger car tous les indices (anecdotes, dates, lieux…) sont des pistes intéressantes permettant de reconstituer le puzzle de votre saga familiale. La plupart des membres de votre famille seront heureux de vous répondre, même si certaines réticences peuvent cacher un secret de famille.

Attention aux souvenirs qui s'estompent : il est important de vérifier toutes les informations. Vous découvrirez peut-être que ce que votre famille croyait vrai n'est en fait qu'une légende !

Demandez les actes d'état civil

Si vous n'avez pas pu collecter de renseignements auprès de votre famille, demandez les actes de l'état civil, en commençant par votre acte de naissance à la mairie de la commune où vous avez vu le jour. Il mentionnera les dates et lieux de naissance de vos parents, sauf quelques cas particuliers (enfants nés sous X, enfants trouvés...). Rebondissez en demandant les actes de naissance de vos parents, puis de vos grands-parents, etc. Regardez bien les mentions marginales qui vous indiquent d'autres événements (mariage par exemple).

Attention : si les actes ont moins de 75 ans, vous ne pouvez demander que ceux de vos ascendants directs (parents, grands-parents...) et de vos descendants, en prouvant votre filiation. Il est possible en revanche de demander n'importe quel acte de décès même si la personne n'a pas de lien direct avec vous.

La délivrance des actes d'état civil est gratuite. La demande de votre acte de naissance peut s'effectuer en ligne sur le site de la mairie ou sur service-public.fr. Vous pouvez vous rendre dans les mairies mais, attention, il existe des délais de consultation. Les actes de l'état civil de moins de 75 ans ne sont pas consultables directement. Au-delà de 75 ans, il n'y a pas de restriction.

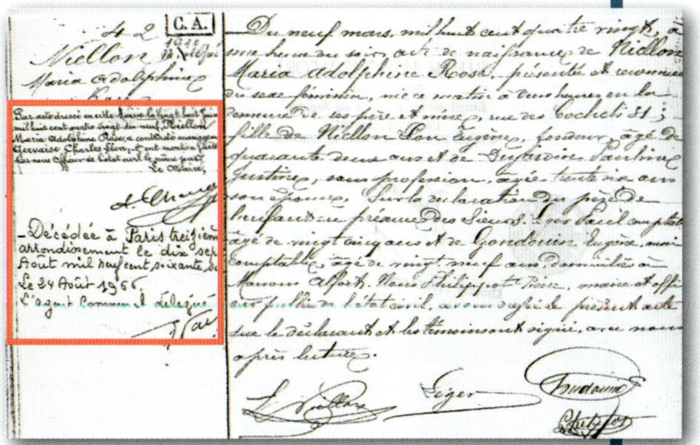

Acte de naissance de 1880. Dans la marge ont été reportées les mentions du mariage et du décès.

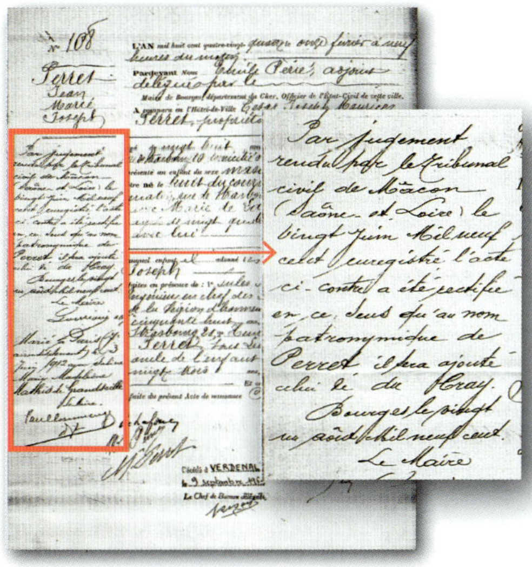

Sur cet acte de naissance de 1894, on trouve les mêmes mentions, mais aussi celle d'un changement de nom.

Un exemple de recherche

Par la consultation du livret de famille, Florence apprend que son père est né en 1954 à Issy-les-Moulineaux. Elle demande une copie de son acte de naissance qui lui indique que son grand-père est né à Vanves en 1921 et sa grand-mère en 1925 à Paris XVe.

Elle demande et reçoit les actes de naissance de ses grands-parents. Ces documents lui fournissent les noms de ses arrière-grands-parents et mentionnent en marge les dates et lieux de mariage et de décès de ses grands-parents, actes qu'elle pourra demander.

Mais si l'acte de naissance de 1925 précise bien les dates et les lieux de naissance de ses arrière-parents-parents, il n'en va pas de même pour celui de 1921 car, avant 1923, un acte de naissance note seulement l'âge des parents. Comment faire alors ? Il faut chercher le mariage ou le décès qui fourniront les informations nécessaires sur la naissance et les parents : ces éléments glanés permettront de trier les homonymes et d'éviter de confondre deux personnes de même nom nées vers la même période. L'acte de naissance de 1921 indique que le père est âgé de 31 ans, donc né vers 1890. Il est donc possible maintenant de lancer une rechercher sur Filae pour trouver l'acte de naissance !

Lancer une recherche

Retrouver ses ancêtres au milieu de millions de données archivées, c'est un peu comme chercher une aiguille dans une botte de foin ! Heureusement le moteur de recherche rapide de Filae permet de partir très simplement à la découverte de ses origines.

Un seul moteur de recherche

La première partie de ce guide répertoriait la diversité des archives indexées sur Filae: état civil, recensements, *Bulletin des lois*... Bien sûr, il est possible d'effectuer une recherche spécifique dans chaque fonds d'archives, mais le plus simple est d'utiliser le moteur de recherche: il vous surprendra par sa rapidité! Sur filae.com, cliquez sur *Recherches* dans le menu puis sur *Rechercher un individu* ou bien allez sur filae.com/recherche. Apparaissent alors des rubriques à remplir pour lancer votre recherche: nom, prénom(s), années, lieu. En cliquant sur *Ajouter un conjoint, un parent...* vous accédez à des critères supplémentaires pour affiner la recherche.

Rechercher un patronyme

A minima, la saisie d'un nom de famille est le seul élément obligatoire pour lancer une recherche. Cette saisie suffit pour obtenir des résultats: tapez simplement le nom de famille puis cliquez sur *Rechercher* (avec une loupe) pour obtenir des réponses. Il est d'ailleurs intéressant de réaliser cette recherche sur le patronyme pour avoir un aperçu du nombre de résultats total: vous saurez si votre nom est rare ou fréquent. Par ailleurs, si votre demande sur une personne (nom + prénom) n'a donné aucune réponse, une requête sur le seul nom de famille vous apprend aussitôt si des données sont présentes en base. Si ce n'est pas le cas, c'est pour vous l'indice d'une erreur d'orthographe possible sur le nom recherché.
Pour effacer tout ce que vous avez saisi dans le moteur de recherche, cliquez sur l'icône à droite du bouton lançant les recherches.

! Attention : les femmes sont généralement notées dans les archives sous leur nom de naissance, saisissez plutôt leur nom de jeune fille pour les trouver.

Rechercher une personne

Trouver une personne est aussi simple que la recherche sur le nom de famille, puisqu'il suffit d'ajouter le ou les prénoms de la personne voulue avant de cliquer sur le bouton *Rechercher*. Lorsqu'une personne a plusieurs prénoms, inscrivez-les tous lors de votre première requête. Puis, si vous n'avez pas trouvé ce que vous cherchez, saisissez-les un par un ensuite dans le module de recherche. L'ordre des prénoms peut changer d'un document à un autre. De plus, le prénom officiel n'est pas forcément celui dit prénom usuel, utilisé dans la vie courante. Une Marie Yvonne peut être tout simplement appelée Yvonne au quotidien et c'est ce prénom qui apparaît dans certaines archives, notamment dans les recensements qui s'appuient beaucoup sur des réponses orales.

Quelques conseils

Vous cherchez un mariage? Cliquez sur *Ajouter un conjoint* (1, sur la copie d'écran page 27) pour saisir le nom de l'époux ou de l'épouse. Dans un premier temps, vous pouvez lancer des requêtes très précises avec les noms, prénoms, dates et lieux mais en cas de recherches infructueuses, supprimez les prénoms (un Sylvain peut avoir été noté Silvain, etc., les aléas sont nombreux) pour faire une recherche sur les deux noms de famille, ou notez le nom de l'époux mais cochez que vous recherchez uniquement les mariages (cf. les filtres p. 30-31). Bref, il faut tout essayer!
Saisir le nom d'un conjoint, d'un père ou d'une mère est utile pour trouver des résultats dans les arbres ou dans les relevés proposés par les associations de généalogie. En effet, seul le nom et le prénom de la personne principale de l'acte (ou des personnes principales dans le cas d'un mariage) ont été indexés pour l'état civil numérisé.

Les jokers pour élargir vos recherches

L'orthographe des noms est très aléatoire d'un document à l'autre, parfois aussi pour certains prénoms. De plus, une erreur de transcription est possible car l'écriture de certaines lettres porte à confusion. Si vous ne trouvez pas le nom cherché, pensez que l'orthographe est peut-être erronée. Filae propose d'utiliser des caractères jokers dans le moteur de recherche. Le point d'interrogation ? peut remplacer une lettre tandis que l'étoile * remplace plusieurs lettres consécutives. Il est possible de mettre le caractère joker ? au début d'un nom mais ce n'est pas possible pour l'étoile.

Quelques exemples pour montrer qu'il faut persévérer et tout essayer...

Dupont ou Dupond ? Saisissez Dupon ? et vous obtiendrez les deux noms. Par contre, si vous tapez Dupon*, vous aurez aussi les Dupontel et Dupontet par exemple.

Vous avez un ancêtre dont le prénom est Hyacinthe ? Multipliez vos chances de résultats en saisissant h*c*nt*e pour obtenir les Hyacinthe bien sûr mais aussi les Hiacinte, Hiacinthe, Hyachinte, Hyacinte, etc.

Les recherches du mariage entre Charles Petitjean et Berthe Gageat ne fournissaient aucun résultat. Il a suffi de saisir Ga*eat pour dénicher le mariage à Paris en 1884.

Limiter vos recherches dans le temps

Les prénoms ne sont pas très nombreux et certains sont très courants comme Jean ou Marie. Les homonymies sont donc considérables, déjà au sein d'une même famille. Mais si vous multipliez ces « doublons » par les habitants d'un village ou d'une région sur plusieurs siècles, vous obtenez parfois des dizaines voire des centaines de réponses. Si en plus votre nom de famille est courant, l'effet se démultiplie. Lancez une recherche sur Jean Martin : vous verrez des centaines de milliers de résultats !

Filae permet de limiter les résultats aux plus utiles pour vous par la saisie d'une période. À droite de la case *Ayant vécu entre*, tapez dans la première zone l'année minimale et dans la deuxième l'année maximale. Lors de vos recherches généalogiques, il faut bien sûr noter toutes les informations susceptibles de limiter cette période à explorer. Par exemple, si un père est présent à un mariage en 1846, il faut saisir cette indication dans votre arbre pour vous en souvenir (voir à ce sujet la 3e partie du guide sur les arbres généalogiques). S'il avait cinquante ans en 1846, il est donc né vers 1796. Vous saisirez donc 1795 et 1846 pour limiter les résultats et trouver potentiellement sa naissance, son mariage et les naissances de ses enfants.

Cliquez sur *Ayant vécu entre* (2) et vous verrez que vous pouvez sélectionner *Ayant vécu vers*. Une zone unique apparaît pour saisir une année. Attention : cette option élimine bien sûr les personnes décédées avant l'année saisie.

Limiter vos recherches dans l'espace

Plus le nom recherché est courant, plus vous devez limiter vos recherches à une zone géographique. Le moteur de recherche vous permet de saisir une commune, un département, une région ou même un pays si souhaitez savoir si un nom est présent à l'étranger. Au fur et à mesure de votre saisie, Filae vous propose une liste de lieux correspondants où il suffit de sélectionner le bon en cliquant dessus. Notez aussi que vous pouvez saisir un code postal pour trouver une commune.

Lire les résultats

Une fois que vous avez lancé une recherche, vous obtenez des résultats plus ou moins nombreux selon les critères définis. Pour trouver plus facilement ce que vous cherchez, Filae vous présente une série de renseignements sur les résultats affichés et met des outils à votre disposition.

Des événements et non des personnes

Les résultats n'affichent pas des personnes mais des événements. Ne soyez donc pas surpris si plusieurs lignes apparaissent parfois, ni si vous avez deux lignes pour la même source, car une source peut aussi contenir plusieurs événements. Par exemple, le *Bulletin des lois* indique une pension mais fournit aussi la date et le lieu de naissance. Filae a donc créé deux événements, une pension d'une part et une naissance d'autre part. Cela peut paraître surprenant mais c'est astucieux car si vous cherchez une naissance, vous ne trouveriez pas l'information si seule la pension avait été indexée. Même chose pour les recensements qui indiquent la résidence mais aussi la naissance. Si vous cherchez des Martin de l'Aude, peut-être verrez-vous s'afficher un recensement de l'Aveyron car la personne est née dans l'Aude! Grâce à cette indexation d'événements, vous trouvez plus facilement des informations, notamment pour les ancêtres voyageurs et les familles mobiles. Un événement unique apparaît ainsi plusieurs fois selon la source: par exemple, un décès avec l'acte d'état civil, avec une archive militaire et avec un arbre en ligne aussi.

> **!** Vous pouvez filtrer les résultats avec de nombreuses options pour moduler votre recherche : reportez-vous aux chapitres suivants.

Quels types d'événements ?

Filae indexe bien sûr les événements classiques de l'état civil, naissances, mariages et décès. Vous trouverez aussi des publications de mariage, des divorces, des jugements, tout ce qui peut être lié à l'état civil.
Mais Filae ne s'arrêtant pas à l'état civil, la liste des événements numérisés est immense, traitant de la vie quotidienne en fonction des sources et des archives indexées: des domiciliations avec les recensements, des décrets de naturalisations pour ceux qui obtiennent la nationalité française, des attributions de décorations ou de pensions, des brevets, des migrations avec des embarquements et des passagers, etc.

Les éléments pour trouver votre acte

Neuf colonnes (1, sur la copie d'écran page 29) fournissent des informations sur chaque résultat affiché, pour connaître l'essentiel de l'événement et l'analyser au mieux en fonction de vos besoins :

- vous avez d'abord le nom de famille puis le (ou les) prénom(s) ;
- ensuite, *Naiss.* et *Décès* situent la personne dans le temps. Cette information n'est pas toujours présente et apparaît lorsque la source l'a indiquée. Vous trouverez donc très souvent les années de vie pour les arbres généalogiques, pour les recensements ou pour les pensions du *Bulletin des lois* qui indiquent une date de naissance que Filae a soigneusement notée ;
- une colonne suivante précise le type d'événement ;
- vous avez ensuite l'année et le lieu de l'événement ;
- la huitième colonne indique le conjoint et les parents, là aussi lorsqu'ils ont été notés, par exemple dans un arbre généalogique ou dans un relevé d'état civil fourni par une association ;
- enfin, la source de l'arbre vous fournit précisément l'origine de l'information.

Notez que les éléments correspondant exactement à votre saisie apparaissent en bleu tandis que les autres sont en noir. Cet affichage différencié permet de repérer très rapidement des résultats voisins, comme une orthographe distincte.

Classer et afficher les résultats

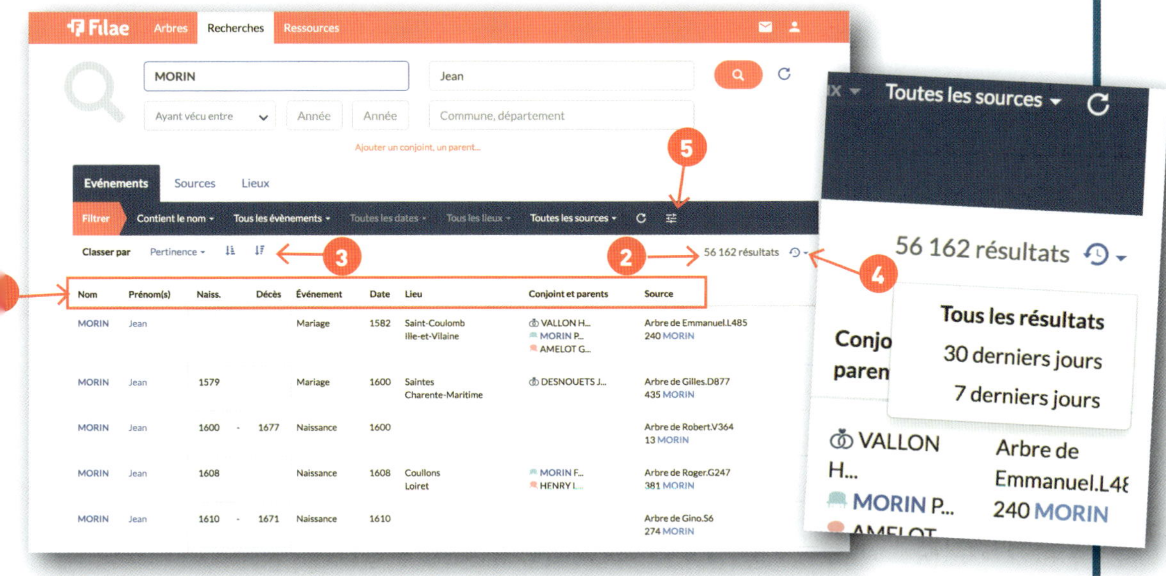

Classer les résultats

L'ordre de classement est très important pour repérer l'acte recherché, surtout si le nombre de résultats (affiché à droite en 2) est important. Vous pouvez classer rapidement les résultats en cliquant sur les en-têtes des différentes colonnes (1). Cliquez par exemple sur *Source* pour classer les événements par source. À droite de *Classer par*, juste en dessous des filtres, deux icônes avec des flèches allant le bas ou vers le haut (3) permettent de choisir à partir de quel critère classer les résultats et l'ordre, croissant ou décroissant. Une autre manière de classer les résultats est proposée. Toujours à droite de *Classer par*, vous avez *Pertinence*, par lequel Filae classe les résultats les plus pertinents en fonction de votre recherche. Cliquez sur *Pertinence* et sélectionnez dans la liste ce que vous souhaitez pour modifier l'ordre du classement.

Afficher les nouveautés

La généalogie est une affaire de patience pour retrouver des actes et reconstituer les familles. Vous lancez donc certainement des recherches régulières sur les noms qui vous intéressent. Mais si elles ont été infructueuses, inutile de revoir ce que vous avez déjà exploré en vain. Or, Filae met à jour régulièrement ses données, notamment avec de nouveaux relevés d'état civil et de registres paroissiaux établis par des associations partenaires, et les arbres généalogiques s'enrichissent aussi de jour en jour. Comment faire pour ne rechercher que dans ces nouveaux fonds ? C'est simple, Filae a prévu une option pour afficher uniquement les derniers résultats, ceux correspondant par exemple aux ajouts des sept ou des trente derniers jours. Pour choisir la date en fonction de votre dernier passage sur le site pour la recherche en cours, cliquez simplement sur la petite icône bleue (4) qui se trouve à droite du nombre de résultats. La liste des événements est alors mise à jour automatiquement.

Les préférences d'affichage

Vous préférez obtenir un classement par date, afficher uniquement les dernières nouveautés, avoir 100 résultats par page au lieu de 20 ? Cliquez sur la dernière icône (5) dans la barre *Filtrer*. Vous accédez alors aux paramètres des résultats de recherche. Sélectionnez vos préférences pour les résultats puis cliquez sur le bouton *Enregistrer*. Vos choix seront ainsi conservés définitivement. Attention : pour avoir accès à ces préférences, il faut être connecté en essai gratuit ou être membre Premium.

Les filtres sur le nom et les événements

Vous avez lancé une recherche. Si vous constatez que les résultats sont trop faibles, voire inexistants, ou trop importants, affinez ou élargissez votre quête grâce aux divers filtres disponibles pour que votre recherche aboutisse.

Qu'est-ce qu'un filtre ?

Les filtres vous permettent de moduler l'affichage des résultats sans avoir à relancer la recherche. Ils sont disponibles au-dessus des résultats dans les trois onglets *Événements*, *Sources* et *Lieux* (1). Cinq types de filtres sont possibles pour les noms, les événements, les dates, les lieux et les sources. Après les filtres, vous avez une icône pour effacer les filtres sélectionnés et remettre ceux choisis par défaut. La dernière icône vous donne accès aux paramètres où vous pouvez configurer les filtres par défaut que vous souhaitez utiliser lorsque vous lancez une recherche.

Un nom, des orthographes

L'orthographe des noms de famille ne commence à se fixer réellement qu'à la fin du XIXe siècle. Auparavant, les rédacteurs écrivent plutôt ce qu'ils entendent. Les noms sont donc orthographiés très différemment d'un acte à l'autre, parfois avec des évolutions étonnantes. Si votre grand-mère est née Esnault, le nom de ses ancêtres est peut-être écrit Enaut, Esno ou Enot, voire Hainaut ! Vous verrez que é s'écrit aussi *er* ou *ez* : le nom Moret est orthographié aussi Moré, Morez ou même Morey… La lettre *i* devient *y* et vice-versa, comme pour Farci ou Farcy. Le *o* est aussi écrit eau, ault, aud, ot, od, oz… ce qui donne Moro, Moreau et autres variantes. En Bretagne, on ajoute parfois un *u* aux noms finissant en *o*. Ficho devient Fichou et vous avez parfois Fichoux avec un *x* en plus !

! **Regardez les pages 26 et 27 et notamment l'utilisation des jokers pour rechercher aussi des graphies différentes des noms et des prénoms.**

Dans certaines régions comme en Alsace ou Bretagne, les noms sont tantôt écrits en français tantôt traduits dans la langue locale selon les actes. Vous cherchez un Le Guen en Bretagne et vous ne le trouvez pas ? Avez-vous pensé à Le Blanc, équivalent français de Le Guen ?

Les filtres sur les noms de famille

La recherche d'un acte peut rester infructueuse si le nom recherché et le nom présent dans l'acte ne sont pas orthographiquement identiques, d'autant qu'une erreur de transcription du nom ou du prénom est possible. Filae propose donc pour les patronymes des filtres qui vous permettent d'afficher des graphies proches. Leur utilisation est donc primordiale.

Après avoir lancé votre recherche, sur la ligne des filtres, cliquez sur *Contient le nom* pour découvrir les trois filtres disponibles : *Nom exact*, *Contient le nom*, *Noms et ses variantes phonétiques*.

- *Nom exact* restreint les résultats en affichant uniquement l'orthographe saisie dans le formulaire de recherche.
- *Contient le nom* prend en compte les noms composés, ou avec une particule. Vous cherchez des Agasse, il affichera des Agasse dit Long. Pour les Croix, vous aurez aussi les de la Croix. Etc.
- *Nom et ses variantes phonétiques* cherche les orthographes approchantes. Saisissez le patronyme Descieux et vous aurez Desceux, Descieu, Desjeu, etc.

Vous recherchez où habite en 1906 Nestor Bézu né à Haravesnes en 1869 et vos recherches restent vaines ? En sélectionnant le filtre *Nom et ses variantes phonétiques*, on le trouve facilement dans le recensement à Mouvaux. Son nom est orthographié Bésu !

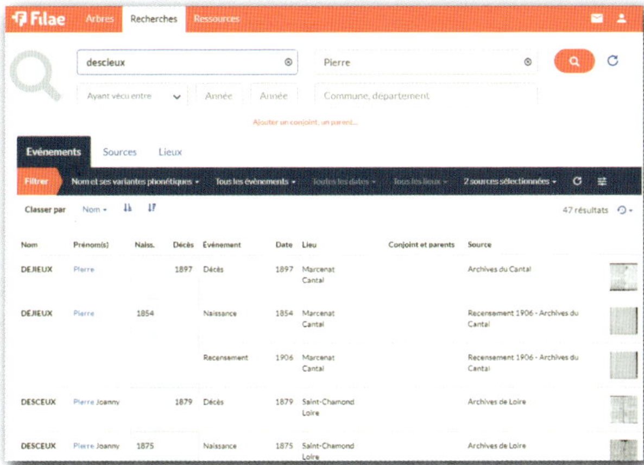

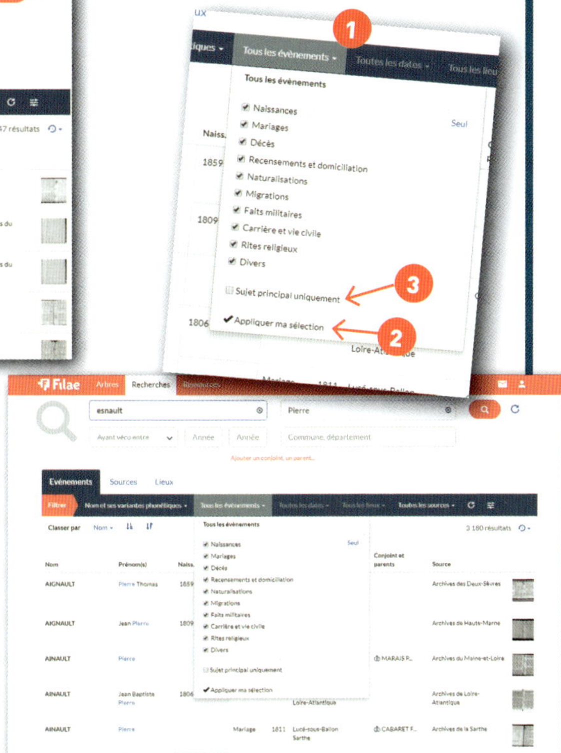

Les résultats d'une recherche avec un filtre par nom (en haut) et un filtre par événement (à droite).

Si lors de vos recherches vous partez parfois au hasard pour trouver des informations sur une personne, vous avez souvent une idée bien précise de ce que vous voulez: une naissance, un mariage, un décès...

Un filtre sur les événements vous permet de choisir exactement ce que vous désirez. Sur la ligne *Filtrer*, cliquez sur le deuxième filtre, paramétré par défaut sur *Tous les évènements*. Il apparaît alors une liste (1) : *Naissances*, *Mariages*, *Décès*, *Recensements et domiciliation*, *Naturalisations*, *Migrations*, *Faits militaires*, *Carrière et vie civile*, *Rites religieux* et *Divers*. Vous avez donc les évènements les plus importants et des thèmes généraux pour éviter une liste trop longue. Par exemple, *Faits militaires* ou *Carrière et vie civile* regroupent en fait des séries d'évènements comme des conscriptions, des faits de service, des professions, des distinctions militaires, des adoptions, etc. Lorsque les résultats s'affichent, l'événement exact apparaît en intitulé dans une colonne.

Sélectionnez donc un ou plusieurs événements en cliquant ou décliquant le carré à gauche de l'événement. Vous verrez aussi qu'en passant votre souris sur un événement, apparaît à droite le mot *Seul*. Cliquez alors sur *Seul*, ce qui décochera tous les autres évènements.

Si vous souhaitez ensuite lancer une recherche sur l'ensemble des événements, cliquez sur *Tous les évènements*, au-dessus de *Naissance*. Une fois que vous avez réalisé votre choix, cliquez en bas de la liste sur *Appliquer ma sélection* (2). Vous remarquerez une option *Sujet principal uniquement*. En effet, lorsque, dans un événement, la personne est référencée avec un père, une mère ou un conjoint, la recherche s'effectue sur l'ensemble des personnes. Vous trouverez donc parfois des résultats où la personne recherchée n'est pas l'individu concerné par l'acte mais un parent. L'option *Sujet principal uniquement* (3) affiche donc uniquement les actes où la personne cherchée est la personne centrale concernée. Ainsi si vous cherchez la naissance de Pierre Descieux, inutile d'afficher les naissances où Pierre Descieux est le père. Si c'est le cas, la colonne événement indique *Naissance d'un enfant*. Généralement, vous avez des individus secondaires dans les arbres généalogiques ou dans les relevés des associations.

Les filtres sur les dates, lieux et sources

En plus des filtres évoqués dans les pages précédentes, il en existe d'autres pour affiner vos recherches dans le temps, l'espace et selon les sources souhaitées. Ils sont nécessaires pour éviter une trop grande étendue des résultats.

Limiter la période

Vous recherchez une personne de votre arbre sur laquelle vous avez peu de renseignements : son nom, son prénom et une région, une période approximative de vie, rien d'autre. Vous avez tout intérêt à utiliser le filtre sur les dates pour éviter d'afficher des personnes ne vivant pas à la même époque et d'allonger inutilement la liste de résultats… donc le temps passé.

Le filtre sur les dates est actif lorsque vous choisissez de faire une recherche sur une personne ayant vécu vers une année précise. Si vous n'avez pas indiqué de date dans le formulaire de recherche, le filtre est grisé. Vous devez donc cliquer sur *Ayant vécu* entre et sélectionner *Ayant vécu vers*. Apparaît alors à droite une rubrique où vous devez saisir une année. Lancez la recherche : dans la ligne *Filtrer*, vous pouvez choisir l'option pour filtrer sur une période : +/- 2 ans, +/- 60 ans ou *Année exacte*. L'année saisie dans le formulaire apparaît désormais à gauche de votre sélection.

> **!** Regardez bien les filtres utilisés ! Si l'événement naissance est sélectionné, le mariage recherché n'apparaîtra pas.

Ce filtre permet des recherches très précises (+/- 2 ans, *Année exacte*) ou plus larges si vous avez peu d'informations (+/- 60 ans). Les résultats listeront tous les événements qui ont lieu dans la période choisie. Ainsi, si vous cherchez une personne ayant vécu vers 1800, vous aurez uniquement les événements de l'année 1800 en choisissant *Année exacte*, mais ceux allant de 1798 à 1802 avec +/- 2 ans ou ceux allant de 1740 à 1860 en sélectionnant +/- 60 ans.

Déterminer une zone géographique

Un filtre sur les lieux est disponible aussi. Il est actif si vous avez saisi une commune ou un département. Comme pour les dates, si le filtre est grisé, c'est que rien n'est pris en compte et que vous devez ajouter un lieu dans la recherche si vous voulez la limiter géographiquement.

Sur la ligne *Filtrer*, celui concernant le lieu apparaît en quatrième position. Par défaut, le moteur de recherche sélectionne *Dans un rayon de 20 km*. Ne soyez donc pas surpris de voir parfois s'afficher dans les résultats des événements d'une autre commune que celle saisie dans le formulaire. Cliquez sur *Dans un rayon de 20 km* pour voir les quatre options :

– *Dans la commune*, qui limite bien sûr l'affichage au lieu saisi
– *Dans un rayon de 20 km*, qui étend les résultats aux communes avoisinantes
– *Dans le département*, qui limite bien sûr l'affichage au département sélectionné ou à celui où se trouve la commune
– *Dans un rayon de 200 km*, qui étend la recherche aux communes de ce rayon géographique, quel que soit le département. Ce filtre est très utile si vous avez des ancêtres voyageurs ou vivants à la frontière de plusieurs départements.

Commencez par des recherches précises sur la commune. Puis, en cas d'échec, modifiez le filtre sur les lieux pour élargir les résultats. *Dans un rayon de 20 km* suffit généralement, mais si vous n'obtenez toujours pas de résultats, il faudra choisir *Dans un rayon de 200 km*. Enfin si la requête n'aboutit toujours pas, supprimez la commune pour faire une recherche sans lieu.

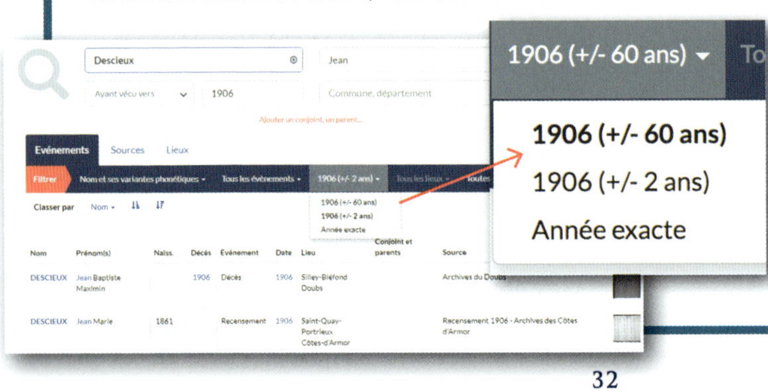

Quelques précisions sur les filtres par source

Sélectionner ses sources

Le dernier filtre disponible sur Filae concerne les sources, c'est-à-dire l'origine de l'information. Il vous concerne si vous vous intéressez à un fonds d'archives particulier. Par exemple, si vous souhaitez voir uniquement les actes d'état civil numérisés et indexés, il faut utiliser ce filtre.

Cochez ou décochez une ou plusieurs des onze sources du site (1) :

- *État civil* fait apparaître les actes numérisés et les relevés des associations
- *Arbres en accès direct* sélectionne les généalogies dont l'arbre est consultable sans restriction
- *Arbres sur demande* concerne les généalogies où il faut demander un accès pour visualiser l'arbre généalogique. Vous voyez cependant la fiche de la personne
- *Recensements, Électeurs* affiche les archives numérisées et indexées des recensements
- *Archives militaires* rassemble des bases historiques, avec pour certaines l'affichage du document
- *Décorations, Titres, Pensions* regroupe une série de bases historiques comme celle de la Légion d'honneur.
- *Embarquements, Passeports, Passagers* sont des bases diverses sur des migrants
- *Ordonnances et Décrets* permet d'accéder aux informations nominatives, tirées essentiellement du *Bulletin des lois* numérisé. Cette base intègre aussi les naturalisations
- *Généalogies* concerne des reconstitutions de famille, et des études publiées, comme celles sur les familles canadiennes.
- *Annuaires, Almanach, Armoiries* sont des bases historiques portant par exemple sur les fabricants à Paris ou les blasons de France.
- *Archives historiques* regroupe différentes bases thématiques liées à des événements majeurs, notamment la Révolution française.

Le filtre *Source* fonctionne comme celui des *Événements*. Vous cochez ou décochez en cliquant ou décliquant le carré à gauche de la source. Lorsque vous passez votre souris sur une source, il apparaît à droite *Seul*. Cliquez sur le mot afin de sélectionner uniquement cette source.

Cliquez sur *Toutes les sources*, au-dessus d'*État civil*, si vous souhaitez une recherche sur l'ensemble des sources. Une fois votre choix effectué, cliquez en bas de la liste sur *Appliquer ma sélection* (2). L'option *Résultats avec images uniquement* restreint l'affichage aux archives numérisées et directement visualisables sur Filae.

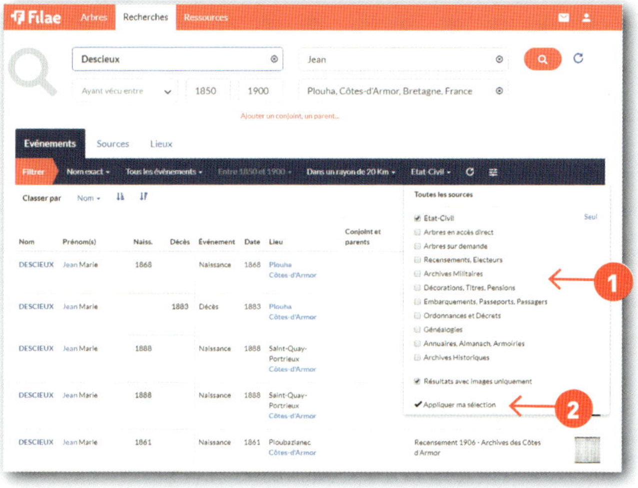

Résultat d'une recherche avec le filtre par source.

Un exemple d'utilisation

Un exemple : vous recherchez le mariage d'Yves Barbu et Françoise Floury à Plouézec, dans la commune où naissent leurs enfants à partir de 1820. Vous avez sélectionné le filtre *Dans la commune* mais vous n'obtenez aucune réponse. Pas besoin de supprimer la commune ou d'en saisir une autre dans le formulaire de recherche, modifiez simplement le filtre et choisissez *Dans un rayon de 20 km*. Le mariage apparaît alors dans la proche commune de Ploubazlanec en 1818 si vous aviez aussi sélectionné le filtre *Contient le nom*, car le nom est orthographié Le Barbu !

Afficher les résultats par sources

***Lorsque vous consultez des bases de données de diverses origines, il est intéressant de connaître précisément quelles sont les sources des archives proposées. C'est aussi un bon moyen pour découvrir des bases historiques auxquelles vous n'auriez pas pensé. C'est ce que propose l'onglet* Sources.**

Un affichage pratique

Vous avez deux manières d'accéder à l'onglet *Sources*. Si vous avez lancé une recherche par filae.com/recherche, une fois les résultats affichés, cliquez simplement sur l'onglet *Sources*, à droite d'*Événements*. Sinon, la recherche par source est directement accessible par le menu, en cliquant sur *Recherches* puis sur *Rechercher par sources*. La première méthode vous fournit les résultats en fonction de vos recherches sur toutes les sources, la deuxième méthode affiche d'abord toutes les sources, puis les classe par thème et par sous-catégorie. Vous découvrez ainsi la richesse des archives généalogiques et historiques disponibles sur Filae.

> **!** Une fois vos résultats affichés, l'utilisation des filtres est possible pour affiner ou élargir vos recherches. Voir pages 30 à 33.

Vous n'avez pas de formulaire de recherche sur cette page mais il suffit de cliquer sur un thème ou une sous-catégorie pour pouvoir lancer une requête. Si vous cliquez sur *État civil*, vous faites des recherches sur l'ensemble de l'état civil, mais vous pouvez limiter vos requêtes à un événement précis en cliquant sur *Naissance*. Même si vous avez choisi un thème, vous pouvez encore cliquer sur une sous-catégorie pour affiner votre sélection.

Chaque page d'un thème ou d'une sous-catégorie fournit des informations intéressantes : le nombre d'individus, le nombre d'images c'est-à-dire d'accès aux documents originaux, la période de recherche et une brève présentation du fonds et de la source. Vous savez ainsi que la base de la Légion d'honneur est réalisée à partir du *Bulletin des lois* et du *Journal officiel* et que vous y trouverez 252 524 individus entre 1929 et 1968. En bas à droite de chaque sous-catégorie, vous avez accès aux autres sources du même thème.

Interpréter les résultats

Lorsque vous lancez une recherche par source, vous avez le même affichage que par individu, c'est-à-dire avec des colonnes. Par contre, si vous réalisez une recherche par individu puis que vous cliquez sur l'onglet *Sources*, vous avez un affichage intéressant par type d'archives : vous savez que vous y avez des résultats lorsque la source est bleue et qu'il ne s'y trouve aucun événement lorsque la source est noire. Cela vous donne donc une vision précise et rapide des sources disponibles en fonction de votre famille ou du personnage étudié.

Il est très intéressant de faire une recherche sur un simple nom et de cliquer sur cet onglet *Sources*, pour avoir ainsi une vision de l'étendue des collections, notamment des archives historiques permettant d'enrichir votre généalogie.

Un autre point très utile, c'est l'indication du nombre d'événements ou d'individus pour chaque thème et chaque sous-catégorie. Cet affichage peut vous amener à découvrir des informations et des documents jusque-là ignorés (exemples page de droite).

Remarquez aussi que l'ordre d'affichage des thèmes change en fonction du nombre de résultats et de vos recherches. Les thèmes apparaissent en ordre décroissant, des résultats les plus importants aux plus faibles. Ainsi pour le nom Condamine, c'est l'état civil qui apparaît en premier puis les recensements, alors que pour le patronyme Omnès, vous aurez les arbres généalogiques puis le recensement et enfin l'état civil. Vous voyez ainsi immédiatement les sources à consulter en priorité.

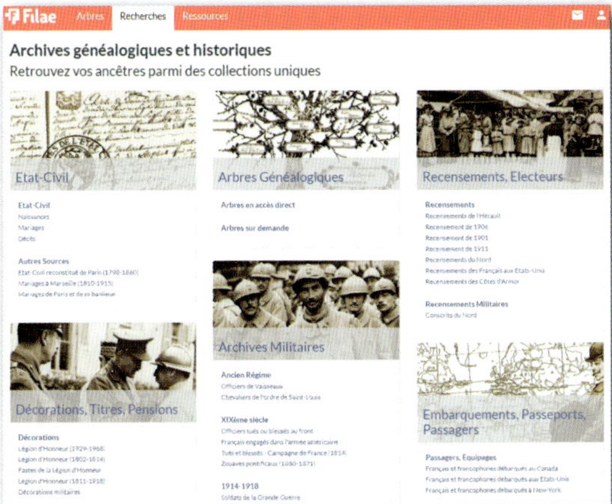

L'écran listant les sources et présentant toutes les archives disponibles.

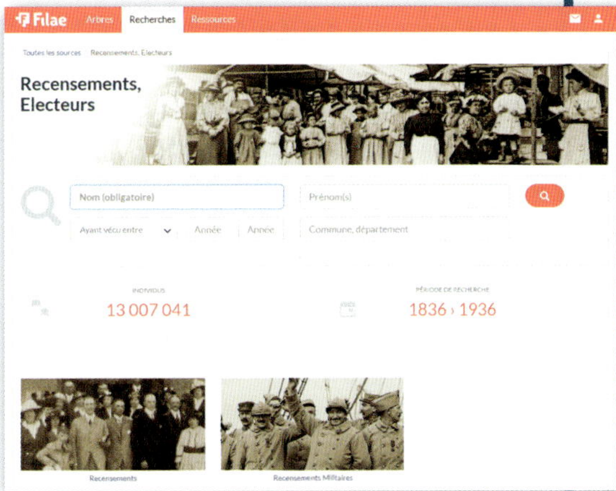

Une recherche dans les recensements.

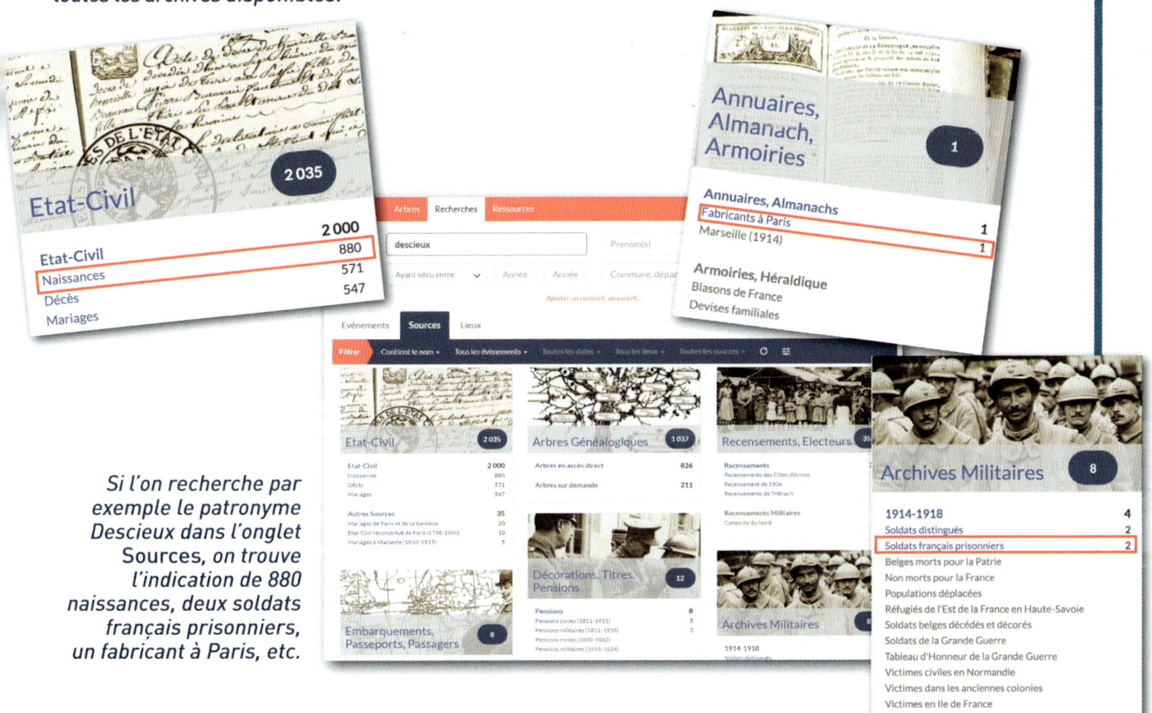

Si l'on recherche par exemple le patronyme Descieux dans l'onglet Sources, on trouve l'indication de 880 naissances, deux soldats français prisonniers, un fabricant à Paris, etc.

Lorsque vous avez un affichage par sources, cliquez simplement sur le thème ou la sous-catégorie pour consulter les événements : cliquez sur *Naissances* et vous aurez uniquement des naissances. Si vous souhaitez revoir l'ensemble des sources dans cet onglet, cliquez au-dessus du mot *Filtrer* sur *Toutes les sources*. Vous voyez d'ailleurs à cet endroit le thème puis la sous-catégorie sélectionnée. Ainsi si vous cliquez sur le recensement de 1906, vous lisez juste en dessous de l'onglet *Sources* : *Toutes les sources | Recensements, Électeurs | Recensements | Recensement de 1906*. Vous pouvez cliquer sur chaque élément, cette liste représentant l'organisation et le classement des archives sur Filae.

Afficher les résultats par lieux

Pour chaque nom de votre arbre, il est possible d'afficher une carte localisant et cartographiant toutes les sources disponibles sur ce nom. Vous voyez ainsi rapidement s'il est rare ou fréquent et quelle est son origine géographique. Ce système cartographique permet même parfois de retrouver la trace de migrants.

Une carte géographique

Lorsque vous avez lancé une recherche (voir les pages 26 et 27), il suffit de cliquer sur l'onglet *Lieux* pour accéder à la localisation géographique du nom étudié. Une carte, centrée sur la France, s'affiche. Vous pouvez déplacer l'image pour découvrir les autres pays car des données sont parfois présentes à l'étranger: des relevés d'état civil en Belgique, des prisonniers de guerre en Allemagne, des migrations vers les États-Unis, etc. Pour découvrir les autres parties du globe terrestre, il suffit de cliquer, de maintenir le bouton gauche de la souris enfoncé et de déplacer votre souris sur la carte. Si vous souhaitez obtenir une vision globale, cliquez sur l'icône *Zoom moins* en haut à gauche ou utilisez la molette de votre souris. Vous verrez ainsi quels sont les pays où des informations sont présentes.

! L'affichage par commune est très intéressant, surtout si vos recherches portent sur des villages aux frontières de deux ou trois départements: vous ciblez mieux vos recherches en voyant quelles sont les localités voisines où des données sont présentes.

L'évolution d'un nom au cours du temps

Il est intéressant de déterminer l'évolution d'un nom de famille au cours du temps pour mieux appréhender son origine géographique. Impossible bien sûr de le faire avec des noms fréquents comme Martin, présent dans toutes les régions de France, mais sur des noms rares ou moyennement portés, cette recherche prend tout son sens.

Cette étude s'effectue essentiellement sur le XIXe siècle puisque les registres paroissiaux ne sont pas systématiquement indexés comme l'est l'état civil. Lancez une recherche sur le nom de famille puis cliquez sur l'onglet *Lieux*. La carte s'affiche et vous pouvez déjà découvrir la répartition géographique du nom. Si vous souhaitez connaître l'évolution du patronyme, il suffit simplement de saisir une date de début et de fin dans le formulaire de recherche. Saisissez par exemple 1800 et 1825 pour lancer la recherche entre ces deux dates. Vous verrez ainsi la répartition du nom sur le territoire dans la période déterminée. Ensuite modifiez les dates pour lancer une requête entre 1826 et 1850 et ainsi de suite. Vous verrez peut-être le nom apparaître dans certains départements où il était jusqu'alors absent, ce qui traduit la migration d'une ou plusieurs personnes; ou vous constaterez au contraire sa disparition dans d'autres. Vous pouvez aussi laisser la date de début, c'est-à-dire 1800 et modifier seulement la date de fin, 1825 puis 1850, etc.

Attention: si vous n'ajoutez aucun autre critère, la recherche s'effectue sur toutes les sources et tous les événements, ce qui peut fausser les résultats. En effet, un même événement peut apparaître plusieurs fois à travers l'état civil, un relevé d'association, le recensement, un ou plusieurs arbres généalogiques, etc. Pour limiter l'affichage aux actes de l'état civil, utilisez les filtres (voir pages 30 à 33). Cliquez sur le filtre des *Sources*, choisissez *État civil* et l'option *Résultats avec images uniquement*. Ensuite cliquez sur *Appliquer ma sélection*. Vous limitez ainsi les résultats aux actes de l'état civil numérisé et indexé.

Enfin pour prendre en compte les variantes d'un patronyme, sélectionnez aussi *Nom et ses variantes phonétiques* dans les filtres. Vous verrez alors certainement des nouveaux résultats apparaître, permettant parfois de trouver des membres de votre famille partis dans d'autres régions où l'orthographe de leur nom a évolué.

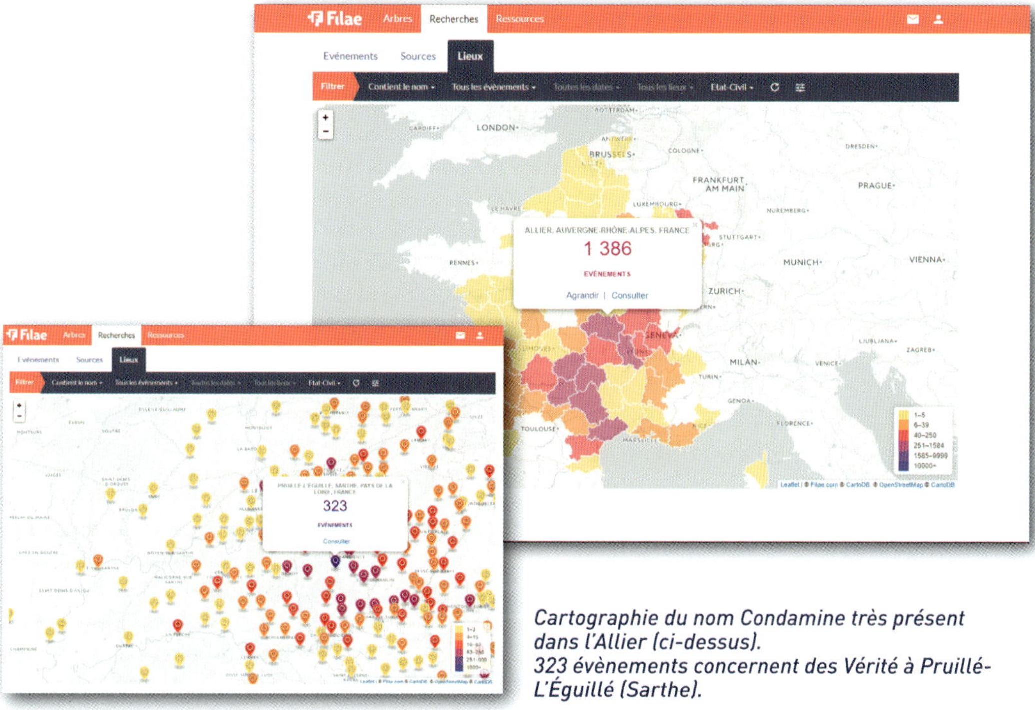

Cartographie du nom Condamine très présent dans l'Allier (ci-dessus).
323 évènements concernent des Vérité à Pruillé-L'Éguillé (Sarthe).

Des codes couleurs très utiles

Un système de couleur a été mis en place pour faire ressortir visuellement les régions où les informations sont les plus nombreuses. La colorisation se fait par département en France, par district en Allemagne, par province en Belgique et en Espagne... Les couleurs vont du jaune clair (régions où les résultats sont faibles) au violet foncé (régions où ils sont très nombreux). La légende apparaît en bas à droite de la carte. Par exemple la couleur orange indique que vous trouverez entre 6 et 39 résultats. Dès que vous cliquez sur l'onglet *Lieux*, une notice s'affiche pour le département où il y a le plus de données. Le patronyme Descieux obtient ainsi le plus de résultats dans les Vosges, avec 1 608 événements recensés sur ce département.

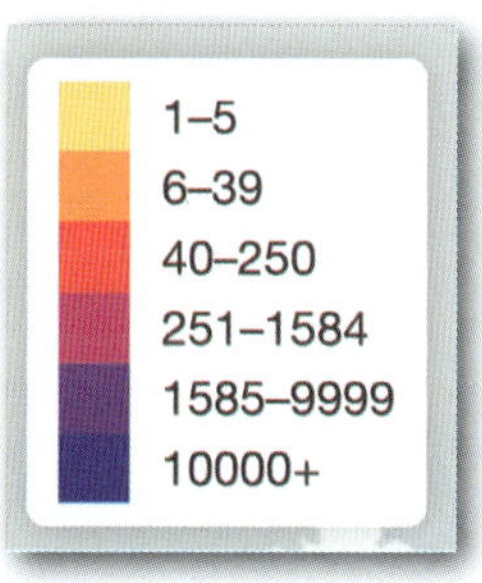

Des résultats de plus en plus précis

Lorsque vous cliquez sur chaque département ou région, vous avez à chaque fois l'indication du nombre d'événements. Les sources de ces données sont bien sûr diverses, vous le voyez en consultant les résultats. La notice du département comprend aussi deux liens :

- *Agrandir* : vous permet de voir les informations à l'échelon administratif inférieur pour la zone sélectionné, ainsi si vous êtes sur une région, vous verrez le détail par département. Si vous êtes sur un département, vous verrez le détail par communes. Vous pouvez également utiliser la molette de votre souris pour aller du pays à la commune et vice-versa.
- *Consulter* : vous permet de voir tous les événements du lieu sélectionné (pays, région, département ou commune). Il suffit de cliquer à nouveau sur l'onglet *Lieux* pour revoir à nouveau la carte

Si vous souhaitez zoomer sur la carte, vous pouvez aussi utiliser la molette de la souris ou cliquer sur l'icône du *Zoom plus*.

Visualiser les résultats

Une fois votre recherche lancée, des résultats s'affichent. Il ne vous reste plus qu'à les analyser. En fonction des sources (arbres généalogiques, données indexées ou archives indexées), leur consultation ne vous procure pas les mêmes informations.

Un arbre généalogique

Avant de cliquer sur un arbre dans les résultats, vous remarquerez dans la colonne *Source* l'indication du nombre de porteurs du nom recherché dans la généalogie ainsi que le pseudo de l'auteur. L'indication d'un arbre est très intéressante car vous savez que, en plus de la personne recherchée, vous allez a priori découvrir d'autres individus du même nom.

Lorsque vous cliquez sur un arbre dans les résultats, vous obtenez des informations qui sont le fruit des recherches de la personne ayant mis la généalogie en ligne. Il est donc toujours préférable, dans un deuxième temps, de vérifier ces éléments en se reportant aux documents d'archives, d'autant que les actes vous fournissent sur vos ancêtres des détails supplémentaires, toujours intéressants à visualiser.

Les généalogies sont le moyen de trouver des cousins plus ou moins lointains, car vous pouvez contacter l'auteur de la généalogie : au-dessus du nom et du prénom de la personne consultée, vous trouverez par exemple l'indication *L'arbre xx par xxx* (1). Cliquez sur le pseudo de la personne puis sur le bouton *Envoyer un message.*

Signalons que deux types de généalogies sont présentes sur le site, celles en accès direct et celles pour lesquelles vous devrez faire une demande à son propriétaire pour y accéder, au moment où vous cliquez dans la fiche sur *Voir dans l'arbre* (2). Vous souhaitez en savoir plus sur les arbres ? Consultez la troisième partie.

> ! Votre généalogie est sur Filae ? Il est possible d'importer dans votre généalogie un événement ou une personne extraits des résultats. Consultez pour cela la troisième partie sur les arbres généalogiques.

Les données sans numérisation

Dans les résultats, Filae affiche aussi des archives et des documents indexés où les informations principales utiles ont été notées. Les données proviennent de relevés d'état civil ou de documents officiels comme le *Bulletin des lois*.

Lorsque vous cliquez sur le résultat, vous découvrez la transcription du document sur la gauche (3). La source apparaît en bas à droite, en dessous de la carte qui localise l'éventuel lieu (4). S'il s'agit d'un relevé d'état civil, il se peut que vous trouviez aussi l'accès direct à l'archive dans un autre résultat. Si vous souhaitez consulter l'archive ou le document, vous devez vous référer à la source et au type de document. Par exemple, pour un baptême, un mariage ou une sépulture issus des registres paroissiaux, il faudra aller sur le site des archives départementales. Lorsque l'indexation indique des personnes ayant entre elles des liens familiaux, comme les parents ou un conjoint, vous remarquerez à droite de *Détails de l'acte* une icône représentant un arbre généalogique. Il est possible de cliquer sur cette icône pour obtenir un arbre analysant rapidement les liens de parentés.

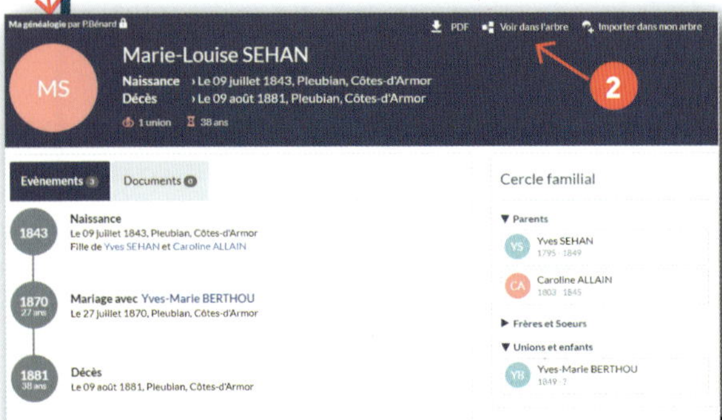

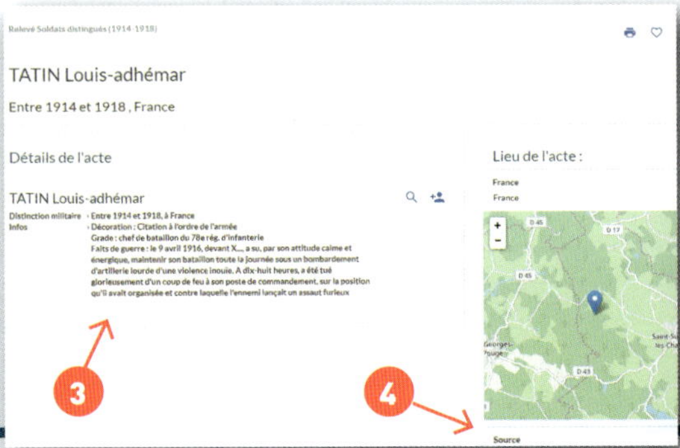

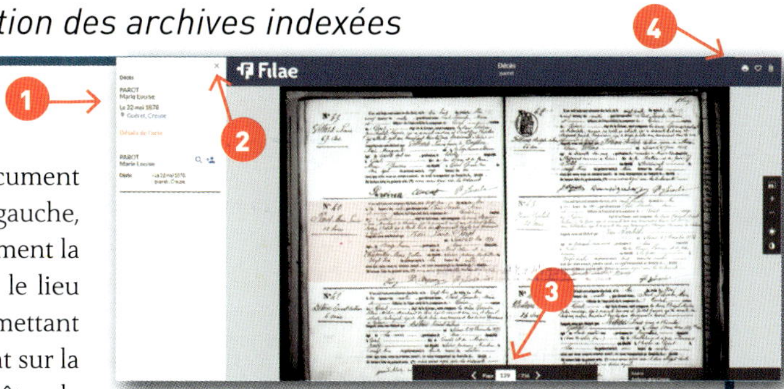

Une archive indexée

Si un résultat affiche la vignette d'un document d'archives, un clic suffit pour l'afficher. À gauche, vous lirez les données transcrites, notamment la commune (1). Vous pouvez cliquer sur le lieu pour afficher une carte géographique permettant de le localiser; cliquez ensuite simplement sur la croix en haut à droite pour fermer la fenêtre de la carte. De même, pour agrandir sur votre écran la place disponible pour l'image d'archive, vous pouvez fermer la partie descriptive de gauche en cliquant sur la croix en haut à droite de la zone (2). Si vous souhaitez l'afficher à nouveau, cliquez sur le bouton gris en haut à gauche, là où il est inscrit *i* pour information.

Des icônes à droite sont des outils pour visualiser l'archive au mieux:

– une première icône *Plein écran* pour n'afficher que le document. Il suffit de cliquer une seconde fois sur cette icône pour revenir à l'affichage normal
– des icônes de zoom + et - pour agrandir ou réduire la taille de l'image
– une icône *Soleil* pour la luminosité
– une icône pour passer le document en négatif pour mieux lire l'écriture, si elle est trop ancienne ou pâlie.

Si l'archive contient plusieurs pages, comme dans l'état civil ou les recensements, vous pouvez changer de page en cliquant sur les flèches en bas de l'écran ou en saisissant un numéro de page (3). En passant d'une page à l'autre, si vous survolez les différents actes ou les lignes avec votre souris, vous verrez s'afficher le nom et le prénom de la personne que vous cherchez. Si vous cliquez, la partie informative de gauche affichera l'indexation, c'est-à-dire les informations saisies à propos de ce document, et la source du document sera mentionnée en bas à droite.

Mettre en favori

Vous pouvez mettre en favori les données et archives indexées qui vous intéressent: il s'agit de l'icône symbolisée par un cœur, en haut à droite (4). Quand vous cliquez sur l'icône, une fenêtre *Archiver un individu* apparaît. Avant de valider, vous pouvez noter, dans la zone où il est inscrit *Référence personnelle* (facultatif), une information qui vous aidera à retrouver cet acte dans vos favoris.

Tous vos « favoris » sont accessibles dans votre compte. Cliquez sur l'icône représentant un personnage en haut à droite du site puis sur *Documents archivés*: tous vos documents favoris apparaissent alors (d'où l'utilité des références s'ils sont nombreux). Vous pouvez ajouter des mots-clés en cliquant sur *Ajouter une étiquette*. Saisissez ce que vous souhaitez, puis cliquez sur le + à droite pour l'ajouter. Vous pouvez trier les documents en cliquant sur les intitulés *Nom* ou *Archivé le*. Vous pouvez aussi limiter l'affichage de vos favoris en cliquant à gauche sur *Tous les documents* puis en sélectionnant *Actes d'état civil* ou *Archives historiques*. Enfin si vous souhaitez supprimer un favori, passez votre souris sur le document puis cliquez à droite sur la corbeille: une fenêtre apparaît, confirmez la suppression en cliquant sur le bouton *Supprimer l'archive*.

Imprimer

Si vous souhaitez imprimer la page d'une donnée indexée ou d'une archive, cliquez en haut à droite sur l'icône de l'imprimante (4). Pour une archive, une fenêtre s'ouvre où vous devez saisir le code qui apparaît. Si vous avez zoomé sur une partie qui vous intéresse, cochez l'option *Imprimer l'image comme on la voit à l'écran* (sinon c'est toute l'image qui s'imprime) puis cliquez sur *Valider*. Cela fait apparaître: *Ce document est prêt à être imprimé, cliquez ici pour le télécharger*. Un PDF que vous pouvez enregistrer est créé.

La fiche individuelle d'un arbre peut aussi s'imprimer en cliquant sur PDF.

Conseils et cas pratiques

Les recherches généalogiques sont parfois semées d'embûches. Si vous êtes bloqué dans une branche de votre arbre, armez-vous de patience, persévérez, suivez les conseils ci-dessous et ne négligez aucune piste !

Un mariage introuvable ?

Un exemple : la recherche du mariage d'Antoine Christin et de Marie Chichignoud avant 1860 ne donne rien. Que faire ? Commencez par supprimer le nom du conjoint dans votre requête en limitant la recherche au mariage. Il apparaît alors le 3 juin 1856 à Aiton en Savoie, le nom de l'épouse ayant été transcrit Chichignod. L'acte indique que les parents de l'épouse sont Gaspard Chichignoud et Caroline Belleville. Le père est vivant mais la mère est décédée avant le mariage. La recherche du mariage de Gaspard Chichignoud et Caroline Belleville ne donne absolument rien, tout comme la recherche sur le seul nom de l'époux (elle permet tout de même de dénicher son décès en 1857 à Aiton). Il reste alors à faire une recherche sur Caroline Belleville en Savoie. Son mariage apparaît alors en 1813 à Aiton avec le nom Chichignoud orthographié Chichiniot ! Il n'y a pas eu d'erreurs de transcription car le nom avait bien été écrit Chichiniot dans l'acte. Vu les orthographes différentes du nom, utilisez les caractères jokers dans les formulaires de recherche suivants, en tapant Chichi*o* pour obtenir les Chichiniot, Chichignoud, Chichignoux, etc.

! Le guide *Enfants abandonnés, enfants sans père* de Myriam Provence pourra vous aider. Retenez hélas que les pistes de recherches sur ces filiations délicates peuvent aussi tourner court.

Les enfants abandonnés ou sans père

Autre exemple : vous cherchez l'ascendance d'Adolphe Clément et de Marie Joséphine Guérin avant 1895. Adolphe Clément apparaît dans un mariage de 1925 mais étonnamment dans l'acte de naissance de son fils, seul le nom de famille apparaît pour le père dont le prénom est absent. Tous les essais pour trouver le mariage sont infructueux : recherche avec les noms seuls sans les prénoms, de Marie Joséphine Guérin avec le nom Clément sans le prénom et vice versa, même chose pour Adolphe Clément et son conjoint aussi... Il ne reste plus qu'à lancer une requête sur les mariages d'une Marie Joséphine Guérin sans conjoint dans la Vienne entre 1870 et 1895. Nous obtenons onze résultats dont un attire notre attention, le mariage en 1891 à Latillé avec un époux dont le patronyme est indiqué « non dénommé ». En effet, l'acte indique que le marié est un Clément, âgé de 26 ans, né à Poitiers le 11 novembre 1864 de parents inconnus. L'époux n'a pas de patronyme et son prénom Clément est devenu son nom de famille ! Nous comprenons mieux l'absence de prénom dans l'acte de naissance de son fils. Clément a dû se choisir ensuite un prénom, Adolphe.

Vous devez parfois mettre « non dénommé » pour le nom de famille, pour les enfants abandonnés ou sans père. Filae permet d'utiliser ce terme pour les recherches, ce qui est bien pratique : vous avez par exemple plus de 2 300 résultats sous cet intitulé entre 1850 et 1900 dans la Vienne !

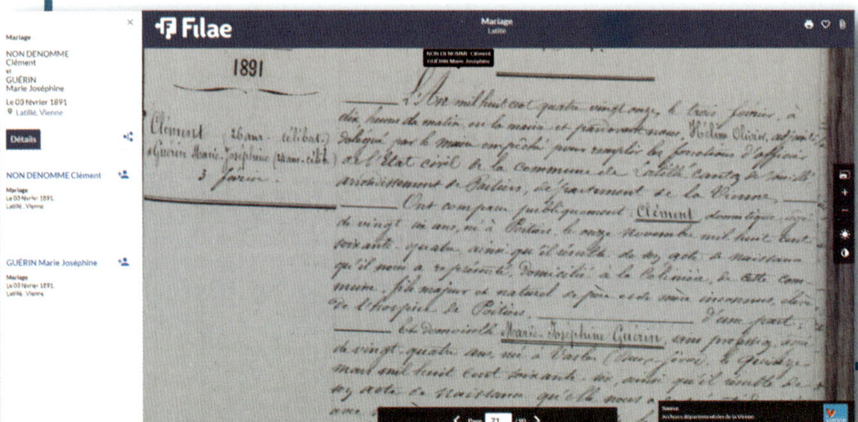

Le mariage retrouvé de Clément sans nom de famille (« non dénommé ») !

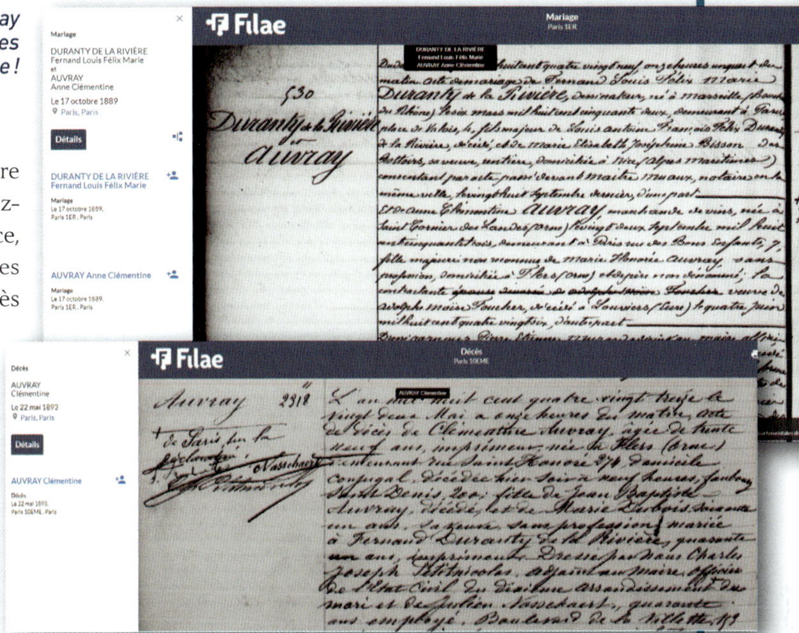

L'acte de mariage de Clémentine Auvray et son acte de décès qui indique des informations différentes du mariage !

Et si vous ne trouvez rien ?

Vous cherchez le décès d'un ancêtre mais vous ne le trouvez pas? Avez-vous cherché les actes de naissance, de mariage et de décès de tous ses enfants? Des informations très utiles peuvent y être indiquées. D'abord parce que, le père ou la mère y étant cités vivants ou décédés, vous cernez votre période de recherche. Ensuite parce que la date et le lieu de décès sont parfois précisés dans les actes de mariage des enfants. Ne vous cantonnez pas à l'état civil, d'autres sources sont intéressantes. Par exemple les registres matricules militaires, en général disponibles sur les sites des archives départementales, indiquent les lieux de résidence de la personne et parfois son décès!

Exploitez tous les détails d'un acte

Les indexations avec l'accès direct à l'acte facilitent la consultation des archives, profitez-en pour lire le document. Si vous êtes bloqué dans vos recherches, chaque détail peut être un indice. Lisez avec précision tout ce qui concerne les personnes citées dans l'acte: parents, conjoints et témoins. Par exemple, lors d'un mariage, les parents sont-ils notés vivants ou décédés? Leur résidence est-elle mentionnée? Vérifiez à chaque fois ce que vous avez déjà saisi dans votre arbre. Ainsi, si la mère est vivante à un mariage en 1856, vous indiquerez qu'elle est décédée après cette date pour limiter votre période de recherche et donc les résultats (très nombreux pour les patronymes très courants). Et si le père est indiqué résidant dans une autre ville, ne faut-il pas rechercher son décès dans cette ville? Les témoins vous apprennent qui sont les proches des époux, ils vous permettent d'identifier d'autres membres de la famille et donnent (car leur lieu d'habitation est précisé) des pistes de recherches vers d'autres localités. Et si la commune de résidence d'un témoin de l'acte pouvait lever un blocage?

Ne vous arrêtez pas à un seul acte

Vous avez trouvé l'acte de décès de votre ancêtre qui vous indique la date et le lieu de naissance et l'identité de ses parents. Vous pensez partir aussitôt à leur recherche pour progresser rapidement dans la généalogie sans rechercher le mariage de cet ancêtre. Attention! Vous allez peut-être vers une fausse piste. L'acte peut contenir des erreurs. Ainsi Anne Clémentine Auvray meurt à Paris le 22 mai 1893 dans le Xe arrondissement. Elle est dite née à Flers (Orne) et fille de Jean Baptiste Auvray décédé et de Marie Dubois âgée de 71 ans. Or son acte de mariage le 17 octobre 1889 à Paris dans le premier arrondissement indique qu'elle est née le 22 septembre 1853 à Saint-Cornier-des-Landes (Orne), de père non dénommé et de Marie Honorée Auvray résidant à Flers. Les deux actes fournissent des renseignements différents! Il faut donc privilégier les informations du mariage et ne pas consulter un seul document.

Publier son arbre

Créer son arbre généalogique

Si vous avez déjà saisi votre généalogie, passez ce chapitre et regardez le suivant. En revanche, si vous débutez vos recherches ou que votre généalogie est encore sur papier, saisissez-la pour profiter de tous les avantages de recherche du site, d'autant plus que créer son arbre généalogique sur Filae est très simple.

Quels sont les avantages ?

Mettre sa généalogie sur Filae présente de multiples atouts : une navigation facile dans votre généalogie grâce aux arbres dynamiques et à la recherche de personnes ; des documents créés automatiquement (comme des arbres ou des fiches individuelles) pour une présentation optimale ; une organisation de vos recherches facilitée car vous pouvez y noter toutes les informations ; un partage du fruit de vos recherches avec vos proches ou avec d'autres chercheurs pour trouver d'éventuels cousinage (la consultation des autres arbres généalogiques vous permet de progresser, alors autant rendre la pareille) ; enfin, avec les indices, les alertes et la recherche automatique de documents, une information qui vient directement à vous !

! La saisie d'un arbre généalogique fait partie de l'offre gratuite. Vous garderez votre arbre même si vous arrêtez l'abonnement Premium.

Un arbre ou des arbres ?

Nous vous conseillons de créer un seul arbre. En partant de vous, tous vos ancêtres sont réunis dans une même base, ce qui facilite les recherches. Vous pourriez bien sûr créer deux arbres, un pour la branche paternelle et un autre pour la branche maternelle, en pensant que les deux n'ont aucun lien de parenté. En êtes-vous si sûr ? Nous ne savons jamais ce que nous allons découvrir. Une seule généalogie offre aussi la possibilité graphique de dessiner un seul arbre à partir de vous-même. Néanmoins, si vous souhaitez créer un autre arbre, il suffit, comme lors de la première étape, de cliquer dans le menu sur *Arbres* puis sur *Créer un arbre*. Un seul compte suffit pour créer différentes généalogies. Le menu *Arbres* vous permet aussi de voir tous les arbres que vous avez créés et de passer d'une généalogie à l'autre.

Quelques conseils de saisie

Vous n'avez pas besoin de taper les noms en majuscule, mais Filae les affichera automatiquement en majuscule pour mieux distinguer les noms et les prénoms, puisque de nombreux noms sont aussi des prénoms. Comme l'orthographe des noms évolue d'un acte à l'autre et au cours du temps, que faut-il saisir ? Si le nom évolue peu, choisissez une orthographe et indiquez les variantes dans les notes liées à la personne. Si vous voulez de la simplicité, choisissez une orthographe, la plus courante, pour tous vos aïeux et leur famille. Mais si une évolution importante apparaît dans le temps, il est préférable de changer l'orthographe.

La même chose s'applique aussi aux prénoms, alors Jean ou Jan ? Toujours par simplicité et pour éviter de saisir des personnes en double, sélectionnez une orthographe. Si vous préférez saisir le prénom comme il est écrit, attention aux confusions lors de vos saisies de personnes ! Évitez aussi de saisir un tiret entre les prénoms sauf s'il est vraiment présent.

Essayez de respecter les rubriques proposées, une saisie rigoureuse facilite les recherches et les échanges. Ainsi, des informations comme des âges ou des professions par exemple ne doivent pas être saisies dans les noms ou les prénoms.

Saisir une généalogie, c'est aussi préparer ses recherches. Si le père de l'époux est présent au mariage de son fils tandis que le père de l'épouse est décédé, saisissez que l'un est décédé après cette date et l'autre avant. Vous ciblerez mieux vos explorations ultérieures. Il en est de même pour les lieux : une résidence est un lieu potentiel de recherche. Notez toutes les informations !

Le point de départ c'est vous

Allez sur filae.com, cliquez dans le menu sur *Arbres* puis *Créer un arbre*. Remplissez le formulaire en indiquant votre identité, qui vous êtes, un homme ou une femme, et saisissez votre nom de famille et vos prénoms. Pour les femmes mariées, mettez votre nom de jeune fille. Enfin, indiquez votre année de naissance et le lieu. Remarquez qu'au fur et à mesure de votre saisie, la ville apparaît. Il suffit de la sélectionner afin d'obtenir la localisation avec la commune, le département, la région et le pays. Tout est rempli ? C'est parti, cliquez sur *Créer mon arbre généalogique* !

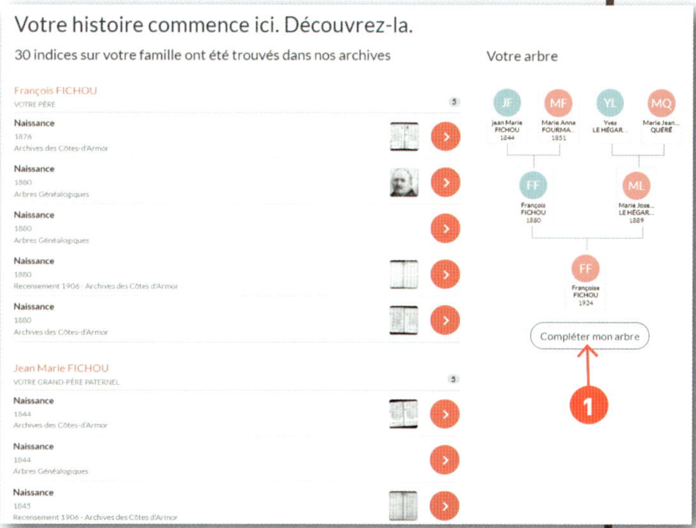

Filae vous fournit des premiers indices en explorant les collections.

Saisir parents et grands-parents

Il faut ensuite saisir les informations que vous avez sur vos parents et vos grands-parents. Le premier écran concerne votre lignée paternelle. Comme pour vous, indiquez pour chaque personne le nom, le ou les prénoms, l'année de naissance et la commune. Si vous n'êtes pas sûr de l'année, cochez *Année approximative*. Si vous n'avez pas toutes les données, ce qui est normal lorsque l'on débute, remplissez simplement ce que vous connaissez. Une fois que vous avez fini votre saisie, cliquez en bas sur *Continuer*. Saisissez maintenant les informations connues sur votre mère et ses parents.
Remarquez à droite l'arbre généalogique qui se dessine au fur et à mesure de votre saisie. Le contour bleu autour du cercle indique l'étendue des informations saisies. Vous n'avez saisi que le nom et le prénom ? Le contour bleu ne remplit que la moitié du cercle. Vous avez en plus l'année mais pas le lieu. Le contour sera rempli aux trois quarts. Un bon repère pour savoir où vous en êtes ! La lignée maternelle est finie ? En bas, cliquez sur le bouton *Continuer*.

Enregistrer votre arbre

Si vous n'étiez pas connecté à votre compte, vous devez saisir une adresse email puis un mot de passe après avoir cliqué sur *Suivant*. Cette étape est nécessaire pour conserver votre arbre. Si vous n'avez pas de compte ou si vous utilisez une adresse différente de celle précédemment utilisée, vous devez créer un compte. La saisie de l'arbre généalogique fait partie de l'offre gratuite de Filae.

Découvrir des premiers indices

Dès la saisie d'un début d'arbre généalogique, Filae travaille déjà pour vous et vous propose des indices pour vous aider à progresser rapidement. En effet, les archives, collections et arbres généalogiques sont parcourues automatiquement et les résultats s'affichent ! S'il n'y a rien, ne vous découragez pas et essayez d'enrichir votre arbre afin de créer le déclic ! Plus vous remonterez les générations, plus les recoupements seront nombreux. On a parfois peu d'indices, comme dans une enquête policière, et bingo, tout se débloque !
Votre arbre prend déjà forme et ne demande plus qu'à grandir ? Cliquez sur *Compléter mon arbre* (1) pour ajouter les autres membres de votre famille : frères et sœurs, cousins et ancêtres qui restent à découvrir... mais jusqu'où irez-vous ? À vous de jouer !

Importer sa généalogie en gedcom

Vous n'avez pas besoin de saisir une seconde fois votre généalogie sur Filae. Si vous la gérez déjà sur un autre site ou dans un logiciel de généalogie, vous pouvez l'importer très facilement grâce au gedcom. Voici comment procéder.

Qu'est-ce qu'un gedcom ?

Le terme barbare Gedcom est l'abréviation de *Genealogical Data Communication* ce qui signifie littéralement : « communication de données généalogiques ». Ce format de fichier, créé par les mormons, stocke toutes les informations que vous saisissez sur vos ancêtres : nom, prénom, événements, profession, notes... Un gedcom conserve aussi, et c'est ce qui est essentiel, les liens de parentés entre chaque individu, en clair : il contient l'arbre généalogique tout entier. Mais, attention : c'est un fichier destiné à l'échange et à l'exportation des données. Si vous essayez de le lire, vous serez déçu. Bien sûr, il peut être ouvert par n'importe quel logiciel de traitement de texte, mais il est composé d'une structure codée. Impossible de lire un gedcom comme vous lisez une saga ! Il doit être ouvert dans un logiciel de généalogie, qui va interpréter les codes pour vous donner à l'écran la généalogie de façon plaisante, sous la forme de fiches ou d'un arbre. Ce format universel permet donc de passer tout le contenu de votre généalogie d'un logiciel à un autre.

> **!** Si vous avez plusieurs généalogies à importer, vous devrez refaire l'opération d'importation autant de fois que nécessaire. Mais rassurez-vous, tout peut être fait à l'intérieur d'un seul compte Filae.

Créer un gedcom

Pour importer un fichier gedcom sur Filae, il faut d'abord le créer dans votre logiciel ou sur le site que vous utilisez. Vous devez ouvrir votre généalogie pour exporter le gedcom. Les logiciels ont des présentations et des options différentes (référez-vous aux guides d'utilisation si besoin), mais voici l'essentiel des étapes :

– dans Généatique cliquez dans le menu sur *Fichier* puis *Exports* et enfin choisissez *Gedcom* dans la fenêtre qui s'affiche. Cochez *Toute la généalogie*, cliquez sur le bouton *Suivant* en bas à gauche. Choissez l'emplacement où enregistrer le fichier, puis cliquer sur *Exporter le Gedcom* en bas à gauche

– dans Heredis, cliquez dans le menu sur *Fichier* puis *Exporter en gedcom*. Une fenêtre apparaît. Choisissez *Exporter tous les individus* et le format UTF-8 pour les caractères. Puis cliquez sur *Exporter* et sélectionnez le dossier de votre choix pour l'enregistrer

– dans Ancestry cliquez dans le menu sur *Arbre* puis sur *Configuration de l'arbre*. Cliquez ensuite sur *Exporter l'arbre* puis sur le bouton qui apparaît : *Télécharger votre fichier Gedcom*. Le fichier est alors téléchargé dans votre dossier de téléchargements

– dans Geneanet, cliquez dans le menu sur *Outils* puis sur *Sauvegarder/exporter*. Choisissez la deuxième option proposée, *Arbre en ligne*, avec les options *Format Gedcom (UTF-8)*, *Inclure les liens vers les images de l'arbre* et *Liens vers les images de la chronique familiale*.

Enfin cliquez sur le bouton *Télécharger*. Le fichier est téléchargé au format .zip dans votre dossier de téléchargements

– dans MyHeritage, cliquez dans le menu sur *Arbre*, puis sur l'option *Gérer arbres*. Ensuite, cliquez sur *Exporter vers GEDCOM*. Enfin, cliquez sur le bouton *Démarrer l'export*. Vous devez ensuite consulter vos emails car le fichier vous est envoyé dans un message, en pièce jointe à télécharger.

Vous pouvez exporter toute la généalogie et toutes les données mêmes récentes puisque Filae n'indexe pas les contemporains. Il est conseillé d'exporter aussi toute la généalogie afin que Filae trouve plus de concordances (voir page 61).

Importer le gedcom

Votre généalogie est exportée et enregistrée en gedcom ? C'est parti ! Il faut maintenant l'importer sur Filae.com. Une fois connecté à votre compte, cliquez dans le menu sur *Arbres* puis sur *Importer un gedcom* (1). Dans la fenêtre qui apparaît, vous pouvez soit glisser le gedcom dans la zone indiquée soit cliquer sur le bouton *Sélectionner un gedcom* (2). Si vous choisissez la deuxième option, montrez le chemin vers le dossier où se trouve le fichier puis cliquez sur le fichier. Enfin, cliquez sur le bouton *Ouvrir* puis sur *Importer*. Il ne vous reste plus qu'à patienter pendant le téléchargement et l'import de votre généalogie (3). Une fois que tout est terminé, un écran de félicitation apparaît. Par défaut, le nom de l'arbre est *Ma généalogie*. Vous pouvez cliquer et remplacer ce titre, par exemple par votre nom de famille. Si vous souhaitez que l'arbre reste privé, décochez *Arbre public*. Vous pourrez régler la confidentialité de vos données dans les paramètres de l'arbre. Enfin, cliquez sur *Terminer* et vous voyez apparaître l'arbre généalogique. Une fenêtre vous invite à chercher et à sélectionner l'individu source, généralement il s'agit de vous. Une personne apparaît ; si ce n'est pas elle, saisissez le nom et le prénom. Lorsque l'individu est sur l'écran, cliquez dessus. Si c'est vous, cochez l'option *C'est bien moi* puis cliquez sur *Valider*.
Un gedcom contient le nom de vos photos mais pas les images elles-mêmes. Elles ne seront pas sur Filae mais vous pourrez les importer sur Filae ensuite. Le stockage est gratuit et illimité. L'essentiel est cependant là pour lancer des recherches et partager votre arbre.

Mettre à jour son arbre

Si vous continuez à saisir votre généalogie ailleurs, vous devrez mettre à jour régulièrement vos données sur le site. N'importez pas le gedcom comme indiqué précédemment car vous créeriez une nouvelle généalogie. Allez dans le menu sur *Arbres* puis cliquez sur *Tous les arbres*. Vos généalogies apparaissent,

cliquez sur celle que vous souhaitez mettre à jour. Cliquez en haut à droite sur l'icône *Gérer l'arbre*, à droite de l'imprimante. Cliquez dans la liste déroulante sur *Import/Export gedcom*. En bas de la fenêtre, cliquez sur le bouton *Oui, importer et mettre à jour*. Vous devez confirmer ce choix en cochant les trois options qui vous informent que tout va être totalement effacé et remplacé par le nouveau fichier. Enfin, cliquez sur *Oui, importer et mettre à jour*. Comme lors du premier import, vous devez sélectionner le gedcom puis cliquez sur *Ouvrir*. Une fois que tout est terminé, un message vous indique que *Votre arbre a été mis à jour*.

Naviguer dans son arbre

Il faut pouvoir circuler de branche en branche dans sa généalogie. En fonction de nos besoins d'analyse, Filae propose cinq modes d'affichage des arbres. Des fonctions de recherche sont disponibles pour naviguer dans chaque modèle.

Les vues et les options

Des « vues » sont accessibles en haut à gauche de votre arbre généalogique et il suffit de cliquer sur les icônes pour passer de l'une à l'autre. Chaque vue correspond à une présentation différente de votre généalogie : de la vue d'ensemble à la fiche individuelle, vous utiliserez l'une ou l'autre en fonction de ce que vous voulez voir ou faire.

Vous pouvez indiquer votre vue préférée en allant dans *Gérer l'arbre,* une fonction accessible par une icône en haut à droite de l'imprimante. Dans le menu qui apparaît, cliquez sur *Propriété de l'arbre.* Choisissez celle qui vous intéresse pour la « vue par défaut » puis cliquez sur le bouton *Enregistrer.* Ainsi, à chaque fois que vous vous reportez à votre généalogie, elle apparaîtra sous la forme que vous préférez.

! Si vous avez plusieurs généalogies sur Filae (par exemple un arbre par grand-parent), un choix différent de « vue par défaut » est possible pour chacune.

D'autres options intéressantes sont disponibles dans *Gérer l'arbre* puis dans *Propriétés de l'arbre.* Si vous avez plusieurs généalogies, vous pouvez choisir un nom pour chaque arbre. Vous déterminez aussi pour chacun le sosa 1, c'est-à-dire la souche de votre arbre à partir de laquelle tous les ancêtres seront numérotés. Il est d'autant plus important de le faire que cela permet de distinguer les ancêtres des collatéraux dans les arbres et dans les recherches. En effet, quand vous verrez pour symbole une cible, vous saurez immédiatement qu'il s'agit d'un ancêtre.

La vue descendante.

Vous pouvez sélectionnez aussi, généalogie par généalogie, la personne qui s'affiche à l'ouverture. Ce choix s'effectue comme pour la vue dans *Gérer l'arbre* puis *Propriétés de l'arbre.* Par défaut, c'est le sosa 1 mais vous pouvez le changer en cliquant sur *Autre.* Si une personne que vous ne voulez pas choisir apparaît, cliquez sur la croix à droite pour la supprimer. Ensuite cliquez sur *Sélectionnez l'individu affiché à l'ouverture...* Saisissez un nom puis un prénom et cliquez sur la personne. Enfin, cliquez sur *Enregistrer.*

Rechercher des personnes

La navigation est facile mais dès que l'arbre atteint des centaines ou des milliers de personnes, cela devient un casse tête de savoir dans quelle branche se situe la personne souhaitée. Il existe heureusement des fonctions de recherche, via l'icône loupe en haut à droite de votre écran. Les individus possibles apparaissent au fur et à mesure de la saisie d'un nom ou d'un prénom (vous n'êtes pas obligé de saisir un nom, un prénom peut suffire). Cliquez ensuite sur la bonne personne pour qu'elle apparaisse.

Vous pouvez aussi faire apparaître une liste de personnes en cliquant sur l'icône *Gérer l'arbre,* à droite de votre écran et de l'imprimante, et en saisissant un nom, un prénom ou en cliquant sur un nom de famille pour visualiser tous les porteurs. Il suffit ensuite de cliquer sur la personne voulue pour voir son arbre.

Enfin, toujours dans *Gérer l'arbre,* cliquez sur *Lieux favoris,* qui liste tous les lieux présents dans votre généalogie. Cliquez sur une commune et toutes les personnes qui y ont un lien sont énumérées, classées par événements puis alphabétiquement.

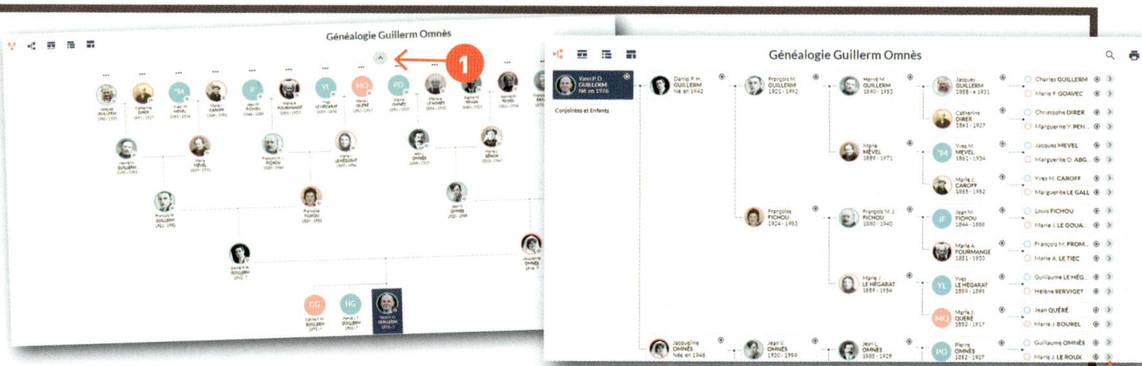

La vue familiale à gauche, la vue ascendante à droite.

La vue familiale

La vue familiale vous donne une vision d'ensemble de la généalogie d'une personne en montrant ses ancêtres sur cinq générations (et même six, en appuyant sur l'icône grise et ronde (1)), ses frères et sœurs, ses oncles et tantes, ses enfants, petits-enfants (et même ses arrière-petits-enfants en cliquant sur l'icône grise et ronde). Les icônes en haut de l'écran permettent, de haut en bas, de zoomer plus ou moins, de centrer sur la racine de l'arbre, de centrer sur l'individu sélectionné, d'afficher ou de masquer les collatéraux.
Chaque fois que vous cliquez sur une personne, une fiche apparaît avec trois icônes en dessous du nom et du prénom; la troisième (un arbre) permet de centrer l'arbre sur l'individu sélectionné pour obtenir la vue familiale.

La vue ascendante

La vue ascendante donne une vision complète des ancêtres d'une personne sur six générations. L'icône en haut de l'écran centre sur la racine de l'arbre. L'icône grise présente en bout de branche permet de remonter d'une génération. Si vous voulez descendre dans les générations, cliquez à gauche sur un enfant dans la partie des conjoints et des enfants. Grâce à cet arbre, la lignée patronymique de chaque ancêtre apparaît facilement puisqu'elle se trouve sur une ligne horizontale.

La vue classique

La vue classique présente le noyau familial pour permettre l'ajout de parents, conjoints, enfants, frères et sœurs (voir la saisie pages suivantes). Il est possible de naviguer dans cette vue puisqu'un clic sur une personne recentre la vue sur celle-ci. Comme dans les autres vues, l'icône grise au-dessus des grands-parents permet de remonter d'une génération. De même, vous cliquez en haut de l'écran pour centrer sur la racine de l'arbre. Si vous cliquez sur *Voir la fiche complète*, vous basculez vers la fiche individuelle.

La vue descendante

Cette vue présente la descendance d'une personne sous forme d'une liste indentée, c'est-à-dire avec un petit décalage à chaque génération, dite d'Aboville. L'écran vous montre six générations que vous pouvez développer ou fermer grâce aux triangles noirs. Au-dessus de la personne, cliquez sur l'icône grise pour remonter d'une génération, cliquez sur un descendant pour voir apparaître sa fiche et, si vous souhaitez centrer la liste sur une autre personne, cliquez sur la troisième icône en dessous de ses nom et prénom. En haut de l'écran, en plus de l'icône pour centrer sur la racine de l'arbre, une icône permet de tout déplier ou replier et une autre d'afficher ou de masquer la numérotation d'Aboville.

La fiche individuelle

Cet affichage, centré sur une personne, présente sa fiche individuelle complète. C'est une vue utile pour la saisie et les modifications. Vous pouvez naviguer de fiche en fiche. Il suffit de cliquer sur la personne souhaitée dans le *Cercle familial* à droite ou dans la *Liste des événements*: les parents lors de la naissance, le conjoint pour un mariage, les enfants lors de leurs naissances.

Ajouter la parenté

Vous avez vu p. 44 et 45 comment créer un arbre en ajoutant parents et grands-parents. Mais la généalogie ne se limite pas aux ancêtres, il faut saisir aussi conjoints, enfants, frères et sœurs, une étape nécessaire pour écrire l'histoire familiale.

Comment saisir ?

Dans les pages précédentes, vous avez découvert les différents arbres généalogiques, de la vue familiale à la fiche individuelle. Vous ajoutez aisément père et mère dans chacune des vues (sauf bien sûr dans la liste descendante) grâce aux boutons +. Dans la vue classique, vous avez aussi des boutons pour ajouter grands-parents, conjoint, enfant, frères et sœurs, tandis que dans la fiche individuelle vous avez un bouton + *Ajouter une personne*, à droite dans la partie *Cercle familial*, pour faire apparaître une fenêtre de saisie. Il est aussi possible d'ajouter d'autres proches dans la vue familiale, l'arbre ascendant et la liste descendante : cliquez sur une personne et vous verrez apparaître une petite fiche d'identité. Vous devez alors cliquer sur l'icône du milieu, en dessous du nom et du prénom, icône symbolisée classiquement par un + et un personnage. Une fenêtre, identique à la fiche individuelle, apparaît avec des boutons pour chaque personne possible.

! Une saisie stricte et uniforme permet de noter plus facilement les personnes. Cela évite aussi la création de doublons.

Et pour ajouter des proches à une personne loin dans votre arbre, et qui n'apparaît pas immédiatement à l'écran ? Le plus simple pour la retrouver est d'utiliser le mode « recherche de personnes », décrit dans les pages précédentes. Le plus souvent, la recherche dans les bases de données et la saisie dans l'arbre se font en parallèle. Le plus simple est donc de se connecter à Filae et d'ouvrir deux onglets dans votre navigateur Internet : un pour les recherches et l'autre pour votre arbre généalogique. Si vous en avez la possibilité, branchez deux écrans sur votre ordinateur : cette solution apporte un très grand confort puisque vous n'avez pas besoin de passer d'un onglet à l'autre ; vous saisissez sur un écran tout en regardant sur l'autre votre source, un arbre en ligne ou une archive !

Après avoir cliqué sur une personne dans l'arbre, vous pouvez ajouter un proche.

Ajouter des parents

On l'a vu, vous pouvez ajouter les père et mère d'une personne pratiquement dans toutes les vues. Si vous avez toute une lignée à saisir suite à une découverte importante, il est conseillé d'utiliser la vue familiale ou ascendante puisque vous avez une vision complète des ancêtres d'une personne sur plusieurs générations. Au fur et à mesure de votre saisie, l'arbre se développe sous vos yeux.

Il suffit de cliquer sur le + dans la case vide du père ou de la mère pour les ajouter. Une fenêtre apparaît afin de vérifier si la personne à créer n'est pas déjà présente dans votre généalogie. Cette phase est très importante et il faut donc être méticuleux. Automatiquement, vous voyez les personnes portant le même nom de famille puisque la rubrique *Nom* est pré-remplie. Si le nom diffère, vous pouvez bien sûr saisir un autre patronyme ou une autre graphie. Ensuite, saisissez le prénom de la personne pour affiner votre recherche d'homonymes. Pour finir, soit la personne apparaît dans la liste soit il s'agit d'un nouvel individu. Dans ce dernier cas, cliquez sur *Créer*. Si le père ou la mère sont présents dans la liste, cliquez sur la personne pour l'ajouter comme parent.

Ajouter des conjoints

Quel que soit le statut du conjoint (mariage, liaison ou concubinage), le mode d'ajout est strictement identique et se fait de préférence dans la vue classique ou la fiche individuelle. Vous avez un bouton + *Nouvelle conjointe* ou + *Nouveau conjoint*, à droite de l'individu dans la vue classique, à droite dans la partie *Conjoints et enfants du cercle familial* dans la fiche individuelle. Une fois ce bouton cliqué, une fenêtre s'affiche où vous devez saisir le nom et le prénom du conjoint. Comme pour les parents, au fur et à mesure de votre saisie, Filae vous affiche les homonymes et vous aurez deux options, sélectionner une personne en cliquant dessus ou appuyer sur le bouton *Créer* lorsqu'il s'agit d'un nouvel individu.
Si la personne a déjà un conjoint, vous pouvez bien sûr en ajouter d'autres. Dans la vue classique, cliquez à droite du conjoint existant sur le bouton gris avec un chevron puis cliquez sur le bouton + qui apparaît. Dans la fiche individuelle, cliquez sur + *Ajouter une nouvelle personne* puis à droite du conjoint existant sur le bouton corail avec un chevron. La suite de la saisie s'effectue comme pour un premier conjoint.

Ajouter des enfants

La création de la fiche d'un enfant est semblable à celle des autres individus, mais faites attention si le parent a eu plusieurs conjoints. Dans la vue classique, avant de cliquer sur + *Enfant*, vérifiez à droite de la personne quel est le conjoint indiqué. Si celui-ci n'est pas le parent de l'enfant, cliquez sur le bouton gris à droite pour sélectionner le bon conjoint ou en créer un autre. Une fois le bon couple à l'écran, ajoutez l'enfant en sélectionnant une personne déjà présente dans votre arbre ou en créant une nouvelle personne, selon la méthode déjà décrite.
Dans les autres vues que la vue classique, lorsque vous cliquez sur l'icône + *Enfant* ou sur + *Ajouter une personne*, c'est dans la fenêtre qui apparaît que vous devez sélectionner le bon conjoint. Notez que vous avez la possibilité d'ajouter un enfant d'un conjoint inconnu dans cette fenêtre.

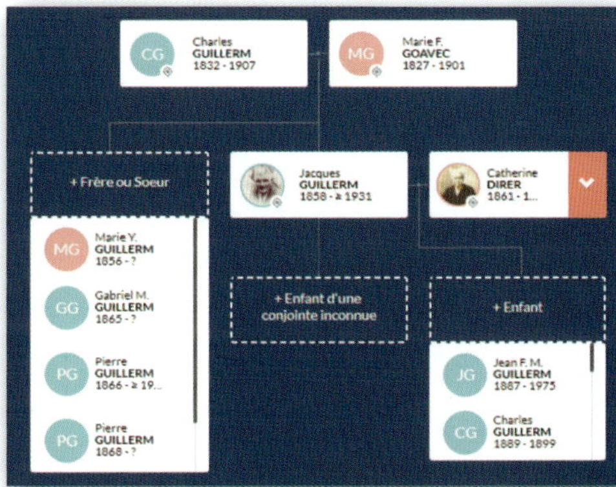

La fenêtre d'ajout au cercle familial.

Ajouter des frères et sœurs

L'ajout de frères et sœurs nécessite quelques précautions : regardez bien si les bons parents sont affichés. Si vous voulez ajouter un demi-frère ou une demi-sœur, vous ne pouvez pas utiliser la fonction *Ajouter des frères et sœurs* qui implique un même père et une même mère. Il faudra sélectionner le parent commun pour ajouter un enfant. Le reste de la saisie est habituel.

Corriger des liens et supprimer une fiche

Vous avez fait une erreur de saisie ? Ou une information vous indique qu'il faut corriger un lien de parenté ? Pas de panique, c'est très simple. Allez dans la fiche individuelle puis cliquez à droite du *Cercle familial* sur l'icône représentant un crayon. À droite de chaque personne, vous avez des ciseaux qui permettent de couper le lien (rassurez-vous, cela ne supprime pas la personne, toujours présente dans la base de données et vous la retrouverez facilement dans le mode *Recherche de personne*). Lorsque vous cliquez sur les ciseaux, une confirmation est toujours demandée : cliquez sur le bouton *Oui, supprimer le lien* ou sur *Non*.
Si vous souhaitez supprimer une fiche, dans la vue classique ou dans la fiche individuelle, cliquez sur le crayon qui se trouve dans le cartouche bleu à droite du nom et du prénom. Dans la fenêtre qui apparaît, cliquez en bas à droite sur la corbeille. Vous devrez là encore confirmer la suppression ou cliquer sur le bouton *Non* en cas d'erreur.

Enrichir l'arbre d'informations

L'arbre ne se résume pas qu'aux noms, aux prénoms et aux trois événements, la naissance, le mariage et le décès. Il est essentiel d'ajouter tous les événements de la vie et des détails biographiques pour faire vivre l'histoire familiale.

Saisir les premières informations

Lorsque vous ajoutez des parents, une fenêtre apparaît dès que vous avez cliqué sur *Créer* (voir p. 50 et 51). Elle permet de saisir les informations essentielles sur la personne:

– le nom et les prénoms
– le surnom éventuel (il sera pris en compte dans le moteur de recherche)
– le genre: masculin, féminin ou inconnu si vous avez un doute, ce qui peut-être le cas avec certains prénoms comme Claude
– le statut: *En vie, Décédé(e)* ou *Je ne sais pas*. Si vous cochez *décédé(e)*, une ligne apparaîtra pour que vous puissiez saisir le décès
– l'événement naissance avec la saisie de la date et du lieu.

Une fois que tout est correct, cliquez sur *Enregistrer*. Si vous voulez saisir d'autres informations sur cette même personne, le plus rapide est de cocher l'option *Centrer la vue sur cet individu* avant d'enregistrer (cela évite de devoir cliquer sur la personne pour revenir à la fiche).
Cette fenêtre de saisie est toujours accessible pour modifier ultérieurement des informations ou supprimer la personne.

! Même si des événements vous semblent répétitifs, comme les professions ou les résidences successives, vous devez en ajouter un à chaque changement.

Saisir un événement

Vous pouvez saisir de nombreux événements pour chaque personne en allant dans la vue classique ou la fiche individuelle (voir p. 48 et 49) et en cliquant sur l'icône *Modifier* (1) représentée par un crayon. Vous trouverez les événements classés chronologiquement. Lorsqu'ils concernent directement la personne, le cercle qui indique l'année est gris. Lorsque vous cliquez sur *+ Ajouter un événement* (2), une fenêtre s'affiche pour le choisir et saisir des détails (3, p. 53). Sous *Événement*, cliquez sur *Mariage* pour voir la liste complète des événements disponibles. Vous avez d'abord le mariage et la profession puis les autres propositions sont classées par thème. Si aucun intitulé ne correspond à ce que vous souhaitez, cliquez sur *Autre* dans *Divers*.
Si vous sélectionnez un événement touchant un couple (mariage, divorce...), une partie *Personne(s) concernée(s)* apparaît. Soyez vigilant: si la personne a eu plusieurs conjoints, vous risquez d'attribuer un événement à la mauvaise personne. Cliquez sur le couple qui apparaît afin de voir les autres, puis cliquez sur celui désiré dans la liste déroulante. Vous verrez aussi une ligne avec *Le nom de la personne et un autre conjoint* s'il n'est pas encore créé.
Une zone *Description* est disponible pour chaque événement; vous pouvez y saisir jusqu'à 255 caractères: la profession, le nom de l'événement (lorsque vous avez pris *Autre*) ou les témoins de l'acte par exemple.
Une fois que tout est saisi, cliquez sur *Enregistrer*. Si vous voulez mettre à jour un événement ou le supprimer, cliquez à droite sur le crayon gris. Une corbeille en bas à droite permet de le supprimer après confirmation en cliquant sur *Oui, supprimer définitivement*. En cas d'erreur, cliquez bien sûr sur le bouton *Non*.

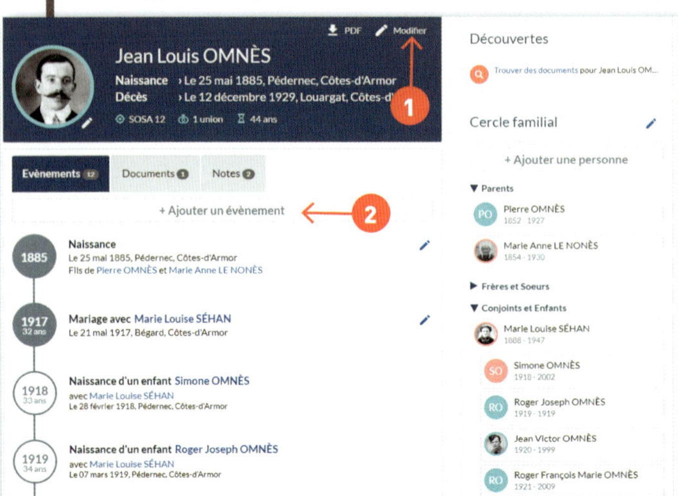

La saisie d'une date, d'un lieu et de notes

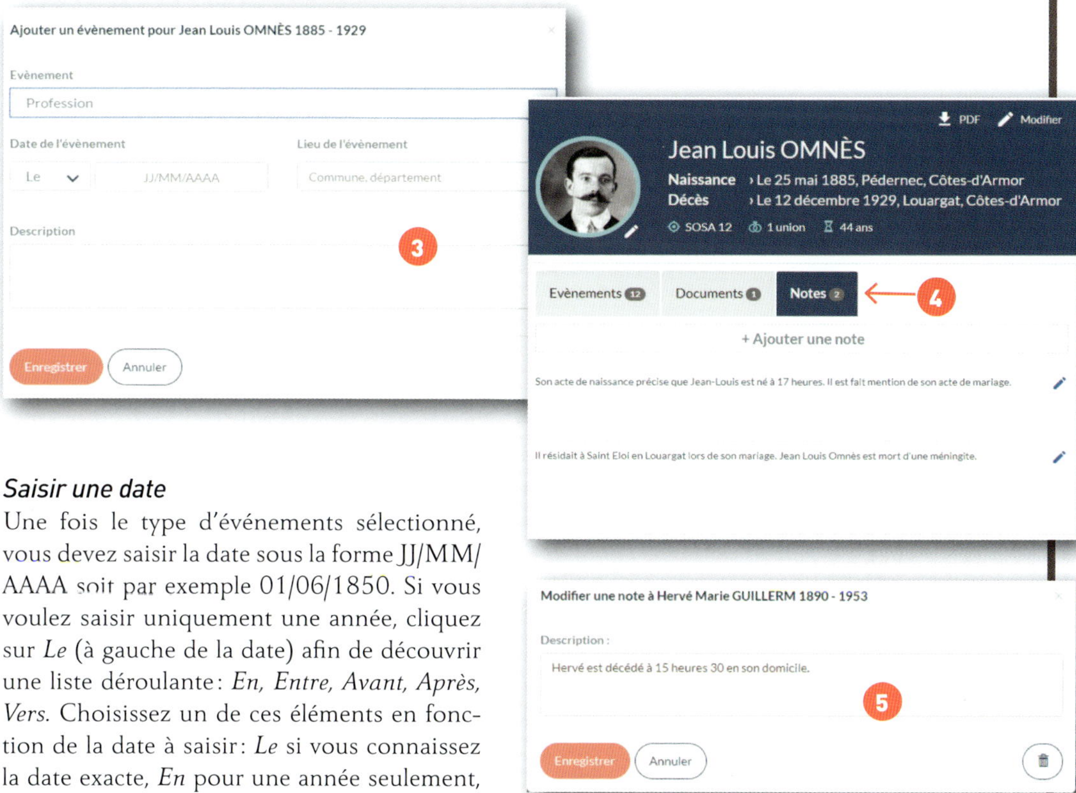

La fenêtre de saisie d'un événement ou d'une note.

Saisir une date

Une fois le type d'événements sélectionné, vous devez saisir la date sous la forme JJ/MM/AAAA soit par exemple 01/06/1850. Si vous voulez saisir uniquement une année, cliquez sur *Le* (à gauche de la date) afin de découvrir une liste déroulante : *En, Entre, Avant, Après, Vers*. Choisissez un de ces éléments en fonction de la date à saisir : *Le* si vous connaissez la date exacte, *En* pour une année seulement, *Entre* pour une période, *Avant et Après* pour réduire la période de recherche, *Vers* pour une année approximative si vous n'avez pas la date exacte. Tout indiquer est extrêmement important pour limiter vos recherches dans le temps. Un enfant est né en 1824 ? Vous pouvez saisir que le mariage a eu lieu avant 1824. Le père est présent au mariage de son fils en 1875 mais il est noté décédé en 1884. Vous saisirez donc qu'il est décédé entre 1875 et 1884.

Saisir un lieu

Vous pouvez saisir un lieu pour chaque événement : une commune, un département, une région ou un pays. Saisissez les trois derniers lorsque vous ne connaissez pas le lieu exact mais que vous souhaitez circonscrire vos recherches à une zone géographique.
Il suffit de saisir quelques lettres pour que des lieux soient proposés. Si celui que vous voulez n'est pas présent dans la liste, vous pouvez en saisir un nouveau. Mais sélectionnez en priorité les lieux de la liste car cela permet de les géolocaliser sur une carte et de faciliter les recherches.

Saisir des notes

À droite de l'onglet *Événements*, cliquez sur le troisième, intitulé *Notes* (3). Cette partie vous permet de saisir librement des informations et des anecdotes sur vos ancêtres et les événements qui ont marqué leur vie : le parcours militaire, la vie professionnelle, etc. Cliquez sur *+ Ajouter une note* pour en saisir une nouvelle. Dans la fenêtre qui apparaît (4), cliquez dans la zone *Description* pour commencer votre saisie puis sur le bouton *Enregistrer*. Vous pouvez modifier ou supprimer une note en cliquant sur le crayon gris à droite de la note ou sur la corbeille pour la supprimer.

Ajouter archives, photos, documents et références

Archives, photos, documents et références, que les généalogistes appellent médias, enrichissent et illustrent votre généalogie. Il est pratique d'accéder d'un simple clic à l'ensemble des médias depuis la fiche individuelle. Découvrez comment les ajouter.

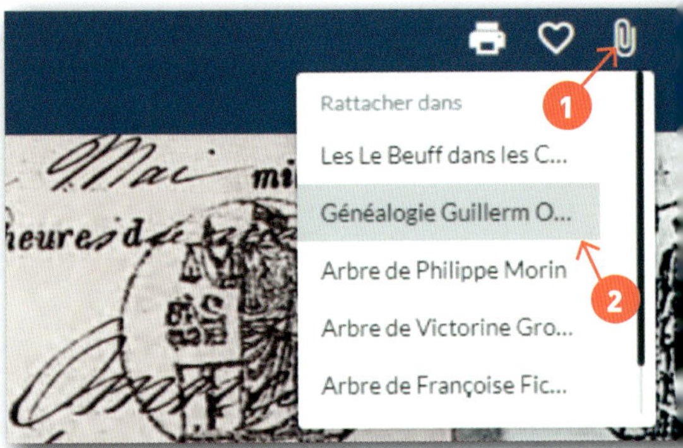

Ajouter une archive indexée

Vous pouvez rattacher à chaque personne de votre arbre toutes les archives numérisées consultées sur Filae. Le rattachement s'effectue soit en partant de votre arbre (voir la recherche de documents p. 60) soit en lançant une requête dans le moteur de recherche.

Une fois l'archive à l'écran, cliquez en haut à droite sur l'icône du trombone (1). La liste de vos généalogies (2) apparaît et vous devez évidemment cliquer sur celle que vous souhaitez. Une fenêtre *Rattacher à un individu* apparaît : cliquez sur les homonymes suggérés par Filae ou saisissez un nom et un prénom pour le retrouver (l'orthographe du nom saisi dans votre généalogie peut être différente de celle du nom indexé). Lorsque vous avez cliqué sur la personne, un message vous informe que le document lui a été rattaché.

> **!** Archives, photos, documents et références représentent aussi des preuves pour vos recherches que vous consultez directement dans votre arbre.

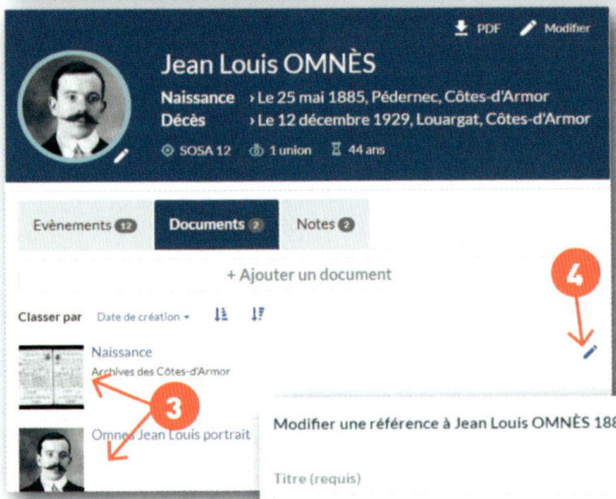

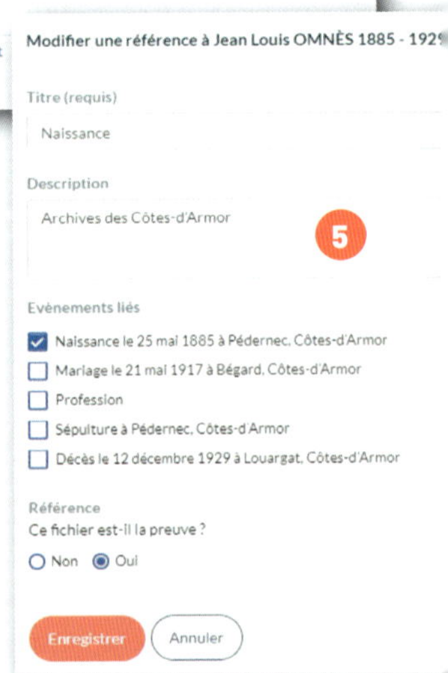

Enregistrement et consultation de l'archive indexée

L'archive est enregistrée dans l'onglet *Documents* de la fiche individuelle ou de la vue classique. L'image du document apparaît sous forme de vignette avec le type d'événement et la source (3). Il suffit de cliquer sur l'archive afin d'ouvrir la fenêtre de visualisation. À droite, une icône crayon (4) permet de modifier l'événement. Vous pouvez changer le titre qui indique le type d'événement et la description de la source. Enfin, vous pouvez lier l'archive à un ou plusieurs événements en cochant ceux souhaités (5). Vous verrez à chaque fois apparaître une question *Ce fichier est-il la preuve ?* et vous choisissez *Non* ou *Oui*. Une fois toutes les modifications faites, cliquez sur *Enregistrer*. Lorsque vous avez lié une archive à un événement, vous verrez l'indication *1 évènement lié* et *Source* si en plus vous avez indiqué que c'était la preuve. Vous verrez aussi que l'archive apparaît dans l'onglet *Évènements*.

Si vous vous êtes trompé et que vous désirez supprimer l'archive, il faut cliquer sur le crayon (toujours dans l'onglet *Documents*) puis sur la corbeille qui apparaît en bas à droite. Validez la suppression en cliquant sur le bouton *Oui, supprimer définitivement*.

En plus des archives présentes sur Filae, vous pouvez ajouter des images, des fichiers, des liens Internet ou des références. Dans l'onglet *Documents* de la vue classique ou de la fiche individuelle, cliquez sur le bouton + *Ajouter un document*. Vous avez le choix entre (6) :

– *Photos ou fichiers* : une fenêtre *Médias* apparaît vous indiquant que vous pouvez sélectionner des photos (.jpg ou .png) et des fichiers de type .doc ou PDF. Soit vous glissez le fichier voulu sur la fenêtre, soit vous cliquez sur le bouton *Sélectionner des photos ou des fichiers* (les fichiers doivent être préalablement enregistrés sur votre ordinateur). Si vous cliquez sur ce bouton, sélectionnez le fichier puis cliquez sur ouvrir. Dans les deux cas, vous devez cliquer sur *Enregistrer* pour que le fichier soit transféré. Enfin, une fenêtre apparaît (7) permettant d'indiquer un titre et une description optionnelle. Vous pouvez aussi lier le fichier à un événement. S'il s'agit de la photo principale de la personne, cochez à gauche *Définir comme photo de profil*. L'image apparaîtra alors dans la case de l'arbre et dans le bandeau d'identité de la fiche individuelle et de la vue classique (8).

Vous pouvez aussi ajouter une photo de profil dans la fiche individuelle ou dans la vue classique en cliquant sur le cercle où apparaissent les initiales de la personne. Une fenêtre s'ouvre pour sélectionner un fichier. Dans la fenêtre *Ajouter une photo de profil*, vous pouvez choisir la zone de la photo que vous vous souhaitez conserver (par exemple pour extraire un visage d'une photo de groupe) en maintenant le bouton gauche de la souris enfoncé et en faisant glisser la souris. Vous ajustez la taille en maintenant ce même bouton gauche et en tirant sur les plots bleus. Attention : la zone à conserver doit être carrée ;

– *Lien Internet* : cette option permet d'établir un lien vers une page Internet externe à Filae, par exemple un document présent sur le site d'un centre départemental d'archives. Vous pouvez là aussi saisir un titre, une description et faire le lien avec un ou plusieurs

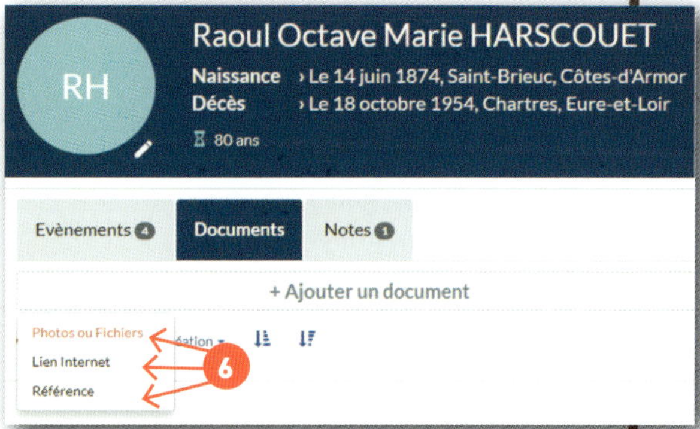

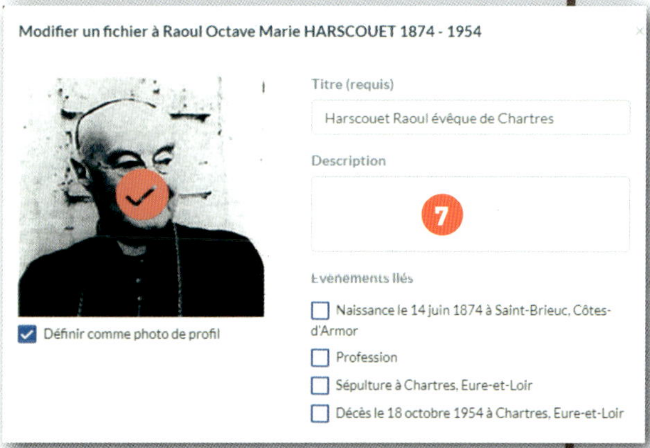

événements. Après avoir coché celui voulu, indiquez si c'est la preuve de l'événement puis notez l'adresse web en copiant collant celle-ci dans la rubrique requise ;

– *Référence* : indiquez grâce à cette option une source, un livre, une référence à une archive que vous n'avez pas numérisée ou qui n'est pas en ligne.

Importer des données dans son arbre

Saisir des informations présentes sur un autre site est parfois fastidieux et source d'erreurs. Sur Filae, il est possible d'importer des événements et des personnes à partir de différentes sources. Des fonctions bien pratiques et pourtant peu connues.

Comment intégrer les nouvelles informations ?

Les archives indexées (état civil, recensement, archive historique) et les arbres généalogiques vous font découvrir des événements concernant votre famille et vous donnent de nouveaux noms pour votre arbre : enfants, conjoints, parents, frères, sœurs... Le premier réflexe est de vouloir saisir toutes ces nouvelles informations. Mais une autre solution plus simple et plus pratique évite les erreurs de saisie : lorsque vous avez à l'écran une archive indexée, numérisée ou non, vous pouvez ajouter l'événement avec la date, le lieu et l'archive dans la fiche de la personne. Même chose pour un individu, à relier à une personne de votre arbre.

> **!** L'ajout de personnes ou d'événements à partir d'une archive ou d'un relevé est fiable. Mais si vous partez d'une généalogie, vérifiez les informations : personne n'est à l'abri d'une erreur !

Importer un événement d'une archive ou d'un relevé

Dans une généalogie, Félicité Caroline de Vossey épouse de Raoul Harscouët a été notée décédée après 1863 selon l'information trouvée dans l'acte de mariage de son fils. Dans la fiche individuelle, il suffit de cliquer sur *Trouver des documents* pour lancer une recherche. Deux lignes apparaissent, dont son décès en 1890 à Saint-Brieuc. L'autre est un relevé d'état civil d'un acte de mariage où elle apparaît comme mère. La consultation directe de son décès nous donne des détails jusque-là ignorés (un des témoins est un neveu, absent de notre arbre). Il faut cliquer à gauche sur l'icône d'import (symbolisée par un personnage avec un +) puis choisir la généalogie concernée. Si l'ajout concerne un personnage déjà présent (ici le décès de Félicité), Filae vous suggère des homonymes ; vous pouvez alors cliquer sur la bonne personne ou saisir un nom

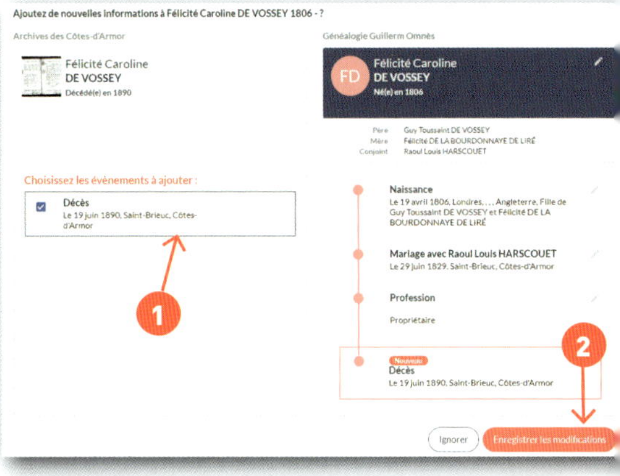

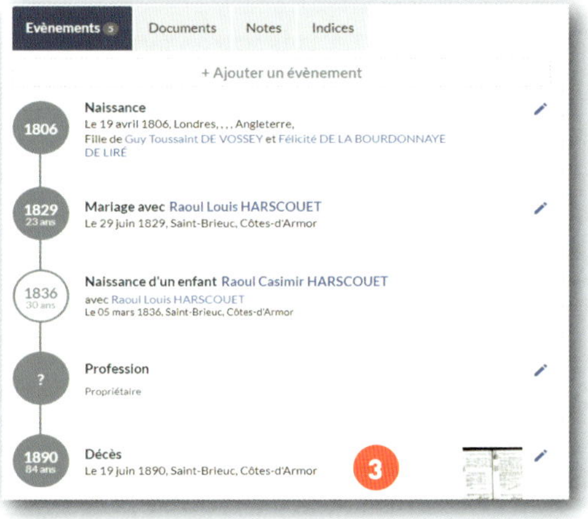

et un prénom si l'orthographe est différente. Un écran apparaît où vous devez cocher à gauche l'événement à importer (le décès dans l'exemple) (1). À droite, vous avez la fiche de la personne avec les événements déjà saisis. Vous voyez ainsi la chronologie des événements, ce qui permet de contrôler que vous ne faites pas d'erreur. Si tout est correct, cliquez sur *Enregistrer les modifications* (2) ; sinon choisissez *Ignorer*. La date et le lieu de décès avec l'archive apparaissent maintenant sur la fiche de Félicité Caroline de Vossey (3). Mais la date approximative du décès qui y avait été notée n'est pas effacée : vous devez cliquer sur l'icône de modification (le crayon) puis sur la corbeille et confirmer la suppression.

Importer une personne d'un relevé

Partons de l'exemple précédent. Un relevé d'état civil a permis de trouver le mariage d'Octave Harscouët, fils jusque-là inconnu de Félicité Caroline de Vossey. Il est possible d'ajouter le fils, son épouse et, pourquoi pas, les parents de l'épouse. Dans la fenêtre qui affiche le détail du relevé avec les personnes indexées, vous avez une icône d'ajout. Cliquez à droite du fils de Félicité Caroline de Vossey sur l'icône d'ajout (4), choisissez la généalogie puis indiquez à qui relier ce nouvel individu. Il peut s'agir d'un parent, d'un conjoint, d'un enfant ou d'un frère ou d'une sœur. Saisissez ici le père ou la mère d'Octave Harscouët. Quand la personne apparaît, cliquez sur celle-ci (5), ce qui affiche une fenêtre de choix du lien de parenté (6). Comme Félicité Caroline de Vossey était déjà dans votre arbre, c'est elle qui apparaît avec les parents proches déjà saisis. Cliquez alors sur les boutons habituels d'ajout de personnes (dans ce cas précis, il faut cliquer sur + *Enfant* (7) pour ajouter Octave comme étant le fils de Félicité Caroline de Vossey et de son époux Raoul Harscouët). Enfin, cliquez sur *Enregistrer le lien de parenté* (ou sur *Annuler en cas d'erreur*) (8). Vous pouvez poursuivre l'ajout de personnes avec l'épouse d'Octave, toujours à partir du relevé d'état civil. Etc.

Importer des données d'un arbre généalogique

Vous remarquerez, dans les fiches individuelles d'un arbre généalogique que vous consultez, une fonction *Importer dans mon arbre*. Quand vous cliquez sur l'option, vous sélectionnez votre généalogie et vous devez saisir l'individu ayant un lien avec la personne consultée. Lorsque cet individu apparaît, cliquez dessus pour afficher la fenêtre de sélection du lien de parenté:

– s'il s'agit de la personne elle-même, cliquez dessus puis sur le bouton *Enregistrer la correspondance*. Choisissez ensuite, à gauche de l'écran, les événements à ajouter, en cochant ceux que vous n'avez pas encore. La fiche saisie par vos soins est à droite. Si vous sélectionnez un mariage, sélectionnez le conjoint déjà présent dans votre

arbre ou cliquez sur *Importer* si le conjoint concerné n'existe pas encore. Enfin, cliquez sur le bouton *Enregistrer les modifications*;

– s'il s'agit d'un parent qui n'existe pas dans votre généalogie, cliquez sur le bouton correspondant au lien de parenté puis sur *Enregistrer le lien de parenté*. La fiche est alors importée avec les événements qui la concernent.

Partage, contacts et confidentialité

Le partage d'une généalogie permet d'entrer en contact avec les autres membres de Filae. Si vous avez quelques réticences à publier votre arbre, des options proposées vous permettent de contrôler ce qui est publié et visible par les autres visiteurs du site.

Le partage et les contacts

En haut de l'écran du site, vous avez une enveloppe. En cliquant dessus, vous voyez les trois derniers messages reçus. En cliquant sur *Tous les messages*, vous accédez à l'ensemble des messages et des demandes d'accès (reçues et envoyées) que vous pouvez gérer comme dans une messagerie : lorsque vous passez votre souris sur un message, deux icônes apparaissent pour le supprimer ou le transférer dans la partie *Archives*. La partie *Contacts* enregistre toutes les personnes avec lesquelles vous êtes entré en contact.

> **!** Vous avez trouvé des informations dans une généalogie ? N'hésitez pas à envoyer un message à l'auteur de l'arbre car il détient peut-être d'autres renseignements ! Et surveillez votre messagerie pour répondre aux demandes.

Si vous souhaitez partager votre arbre, cliquez dans le menu sur *Arbres* puis sur *Tous les arbres*. À droite de chaque arbre, une icône permet de *Partager l'url de cet arbre*. Une fenêtre apparaît, cliquez sur copier et vous pourrez, dans un email par exemple, coller l'adresse du lien (bouton droit puis coller sous Windows). L'internaute qui arrivera sur une page présentant votre généalogie pourra cliquer sur *Voir l'arbre* et, s'il n'a pas de compte, pourra s'inscrire pour un essai gratuit (voir page 10 et 11).

Lorsque vous consultez une fiche individuelle, si l'arbre est privé, vous voyez un cadenas à droite du pseudo. Un clic sur *Voir dans l'arbre* fera alors apparaître une fenêtre vous proposant de *Demander l'accès*. Vous devrez attendre une réponse positive pour accéder à l'arbre de la personne.

La confidentialité

Vous pouvez régler la confidentialité des personnes figurant dans votre arbre grâce aux paramètres de celui-ci (icône à droite de votre arbre). Dans *Confidentialité*, vous choisissez ce que vous souhaitez : les personnes que vous classerez en « confidentielles » n'apparaîtront pas dans le moteur de recherche ; vous déterminez ainsi ce qui est visible pour les généalogistes sur le site. Vous avez deux choix possibles (1, page 59) :

– *Affichage partiel* : les noms et prénoms des individus confidentiels sont visibles mais pas les autres informations (dates, évènements, documents et notes) ;

– *Masquage intégral* : les informations des individus confidentiels sont intégralement masquées et une mention *Informations confidentielles* apparaît.

Par défaut les « contemporains » ne sont pas indexés dans le moteur de recherche. On appelle « contemporains » les personnes de votre arbre susceptibles d'être encore en vie, c'est-à-dire nées depuis moins de 100 ans et sans indication de décès. Vous remarquerez une option *Appliquer ces préférences à l'ensemble des contemporains*. Lorsque vous cliquez à droite de cette option sur le bouton gris, il devient bleu. Vous devez ensuite cliquer sur *Enregistrer*. Lorsque vous cochez l'option, vous visualisez en dessous toutes les personnes détectées comme contemporaines. Vous pouvez en décocher certaines pour les rendre publiques ou en ajouter en cliquant sur le bouton *Ajouter un individu* (une fenêtre de recherche apparaît pour saisir son nom et son prénom : lorsque la personne est visible, cliquez simplement dessus).

Arbre public ?

En rendant votre arbre public, vous permettez aux autres utilisateurs d'accéder à votre arbre généalogique à l'exception des informations concernant des personnes encore vivantes qui restent confidentielles. Vos informations restent protégées et ne peuvent pas être modifiées.

Vous augmentez ainsi vos chances d'être contacté par des personnes faisant les mêmes recherches que vous. Elles ont certainement des informations susceptibles de vous intéresser. Votre travail ainsi partagé permet aux membres du site d'avancer plus vite dans leurs recherches. À tout moment, vous pouvez choisir de rendre votre arbre privé.

Arbre privé ?

Si vous choisissez de garder votre arbre en mode privé, seules quelques informations limitées des personnes décédées de votre arbre sont intégrées au moteur de recherche mais personne ne peut visualiser votre arbre. Si un membre veut accéder à votre arbre, il doit vous en demander la permission grâce au système de messagerie interne. Vous êtes libre d'accepter ou de refuser mais n'oubliez pas que ces personnes sont susceptibles d'avoir des informations utiles pour vos recherches communes.

Comment faire ?

Votre choix entre public et privé se fait pour chacune des généalogies mises en ligne. Cliquez dans le menu sur *Arbres* puis sur *Tous les arbres* pour visualiser l'ensemble de vos généalogies. Un cadenas à droite du nom de la généalogie signifie qu'elle est privée. Cliquez à droite sur l'icône *Paramètres* symbolisée par plusieurs traits puis choisissez *Paramètres* dans la liste déroulante. Si votre généalogie est ouverte, l'icône des paramètres est aussi à droite. Descendez dans la page jusqu'à la partie *Partage* avec deux options possibles : *Arbre public* et *Arbre privé*. Cochez l'option souhaitée puis cliquez sur *Enregistrer*. Vous pouvez bien sûr changer d'avis à tout moment. Lorsque vous avez choisi de garder l'arbre en mode privé et que vous souhaitez vraiment qu'aucune information, même limitée, ne soit divulguée, vous cochez *Interdire l'intégration d'informations limitées* dans le moteur de recherche. Notez qu'il faut 48 à 72 h pour que les informations soient supprimées du moteur de recherche après votre choix.

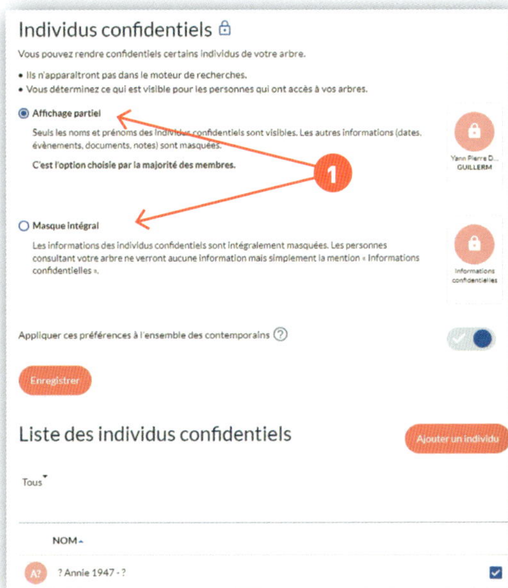

La gestion est très précise, individu par individu.

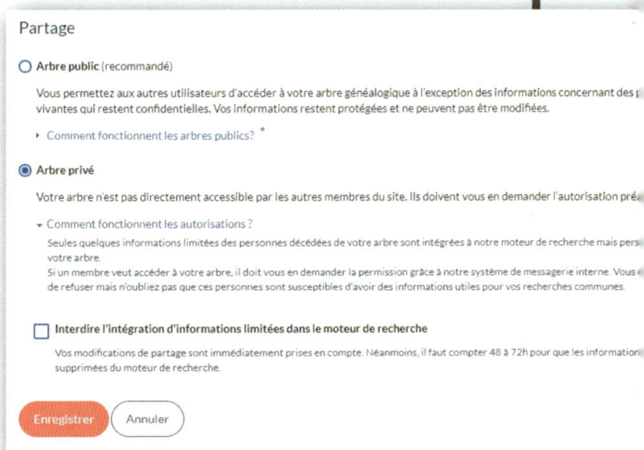

Publiez ou non votre généalogie.

Trouver des nouvelles pistes

Des outils Filae vous aident à trouver des nouvelles pistes et à vous informer des dernières nouveautés dans les collections : la recherche de documents, les alertes et les indices. N'hésitez pas non plus à contacter les généalogistes ayant mis un arbre en ligne : ils peuvent vous apporter des informations supplémentaires.

La recherche de documents

Lorsque vous avez la généalogie d'une personne de votre arbre à l'écran, cliquez en haut à gauche sur la cinquième icône (la fiche individuelle). Tous les événements et détails sur la personne sélectionnée apparaissent. S'il vous reste des recherches à effectuer, pas besoin d'aller dans le menu *Rechercher* pour lancer une requête : cliquez simplement à droite, dans la partie *Découvertes*, sur l'icône de la loupe ou sur *Trouver des documents*. Le moteur de recherche s'ouvre dans un autre onglet et une requête est lancée avec le nom et le prénom. Selon le nombre de résultats affichés, affinez votre requête et jouez avec les filtres (voir p. 30 à 33).

! Pensez aux visiteurs qui consultent votre généalogie. Personnalisez votre profil en allant dans *Mon compte*.

Les alertes

Un système d'alertes sur les nouveautés est disponible. Vous devez aller dans votre compte (icône du profil en haut à droite du site) puis cliquer sur *Alertes*. Un bouton *Créer une alerte* fait apparaître une fenêtre de saisie. Saisissez au moins un nom de famille, mais vous pouvez affiner l'alerte avec un prénom, une période ou un lieu. Il suffit de cliquer sur une ligne pour connaître les nouveaux résultats, ceux apparus sur le site dans les sept derniers jours. Par ailleurs un email vous informe régulièrement des nouveautés en fonction des alertes choisies. Si vous voulez modifier ou supprimer une alerte déjà créée, passez votre souris sur la ligne pour que s'affichent à droite un crayon et une corbeille. Il est possible de cocher des alertes pour les supprimer. Il existe une fonction de recherche très utile si vous avez de nombreuses alertes.

Contacter un internaute

Les recherches généalogiques sont parfois longues et semées d'embûches, d'où l'importance du partage et des contacts ! Quand vous consultez un arbre et que vous détectez un point commun avec le vôtre, n'hésitez pas à contacter l'auteur de la généalogie. Il a peut-être des détails non publiés, des archives, des photos...
Dans toutes les vues, vous avez le titre de la généalogie, *L'arbre de...*, puis le pseudo, *par...* Cliquez sur le pseudo pour accéder au profil du généalogiste. En haut à droite de la photo, vous avez une icône + avec un personnage qui permet de l'ajouter à vos contacts. Vous avez ensuite des détails : la photo éventuellement, depuis quand cette personne est membre de Filae et la liste de ses généalogies sur le site. Pour chacune d'elle, vous avez la date de dernière mise à jour, le nombre d'individus, les noms et les communes les plus fréquentes. À droite, l'icône symbolisée par un cœur ajoute sa généalogie à vos favoris. Le bouton *Voir plus d'informations* vous donne plus de détails, comme la personne souche ou le nombre d'événements. Vous pouvez aussi voir l'arbre et contacter son auteur (sur le profil aussi en cliquant sur *Envoyer un message*). En haut à droite, cliquez sur l'enveloppe pour voir si vous avez reçu des emails. Cliquez sur *Tous les messages* pour gérer vos contacts et demandes d'accès.

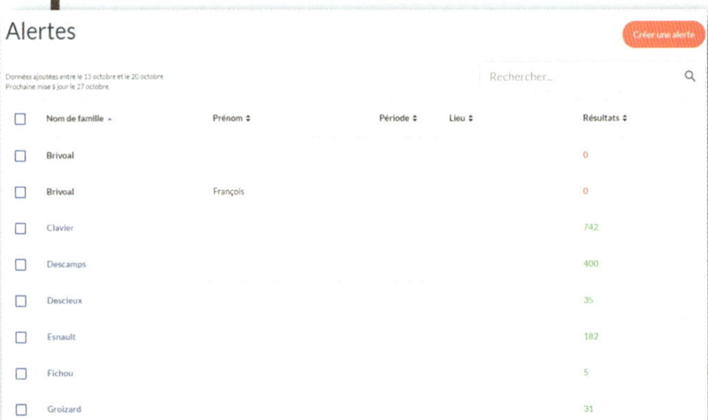

L'écran des alertes à choisir à votre guise.

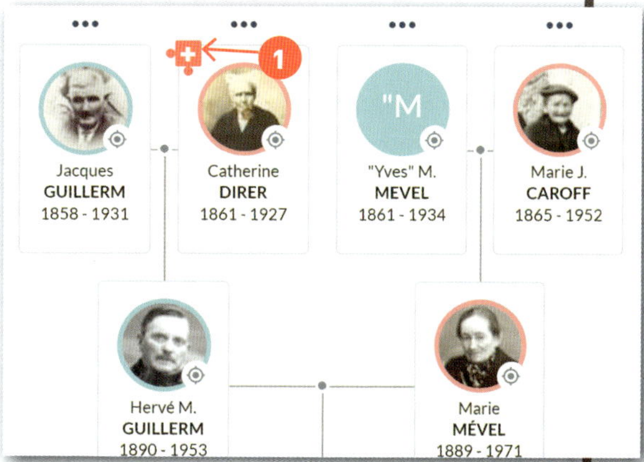

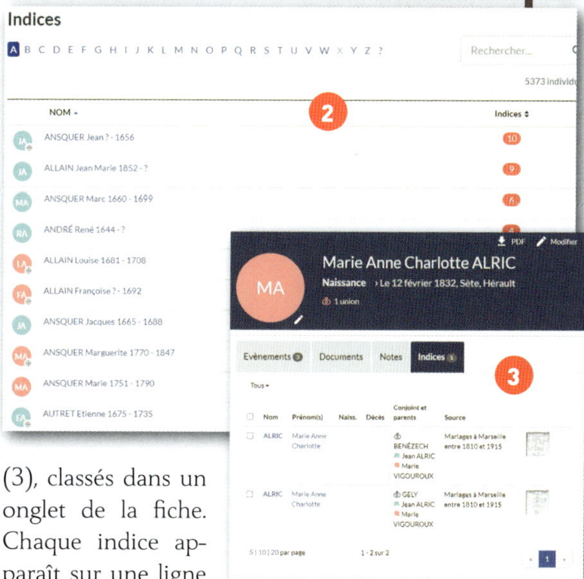

Filae a mis en place un nouveau service d'indices depuis fin 2017. Des concordances sont systématiquement cherchées entre chaque personne de votre généalogie et toutes les collections du site : un arbre en ligne, une archive de l'état civil, un recensement, une archive historique, etc. Les indices détectés sont présentés directement dans votre arbre et une fois par semaine dans un email. En bref, Filae vous apporte toutes les informations susceptibles de vous intéresser. À vous ensuite de les consulter.

Connaître la présence d'indices

La présence d'indices est visible dans votre arbre grâce à une icône puzzle (1) : cliquez dessus pour consulter les indices que Filae a détectés. Dans la case d'une personne de votre arbre, la fiche d'identité qui s'affiche indique le nombre d'indices disponibles sur elle : cliquez sur cette information pour accéder aux résultats.

Cette icône de puzzle apparaît aussi dans le menu en haut à droite. En passant la souris sur l'icône, s'affichent dans l'ordre décroissant les généalogies qui ont le plus d'indices, et vous pouvez consulter l'ensemble de vos ancêtres et cousins qui ont des indices en cliquant sur une généalogie ou sur *Tous les arbres*. Si vous choisissez cette dernière solution, vous verrez le nombre total d'indices et il suffira de cliquer sur l'information pour accéder à la liste des individus concernés, avec l'indication de la date de la dernière mise à jour puis des personnes classées alphabétiquement.

Une fonction de recherche vous permet de saisir un nom de famille et d'obtenir une liste avec deux informations, l'identité de chaque personne concernée et le nombre d'indices (2). Vous repérez les ancêtres de la personne souche de l'arbre grâce à la présence du petit symbole « cible ». Pour consulter les indices, cliquez tout simplement sur la personne qui vous intéresse.

Consulter les indices

Lorsque vous avez cliqué sur le puzzle dans l'arbre ou sur la personne dans la liste, la fiche individuelle apparaît avec l'affichage des indices (3), classés dans un onglet de la fiche. Chaque indice apparaît sur une ligne comme une requête dans le moteur de recherche. Cliquez sur chaque ligne pour consulter la source qui peut être une généalogie, une archive ou une donnée indexée. Vous avez un filtre qui vous permet d'afficher les *Nouveaux indices* (par défaut) ou les indices déjà *Lus* ou encore *Tous les indices*. Cette option permet d'afficher tous les indices ou de limiter cet affichage aux nouveaux indices ou aux informations déjà consultées. Il est aussi possible de supprimer des indices (par exemple parce que vous les avez déjà exploités ou qu'ils concernent un homonyme) en passant la souris sur la ligne et en cliquant sur la corbeille qui apparaît à droite.

Créer et imprimer arbres et documents

Les documents généalogiques sont utiles pour faire le point sur votre enquête mais aussi pour présenter le fruit de vos recherches à vos proches. Enregistrez et imprimez donc sur Filae des arbres généalogiques, des fiches, des listes ou même un dossier statistique. Voici comment procéder.

Les arbres classiques

Filae propose trois types d'arbres classiques composés de cases colorées sans décors : ascendant, descendant ou mixte. Ces arbres n'ayant pas de limite de générations, la taille des documents obtenus est très variable. Vous êtes cependant informé du nombre de générations, de personnes ainsi que de la hauteur et de la largeur de l'arbre, une fois que le fichier est créé. Sont notés pour chaque personne le nom, les prénoms, la profession, la naissance, le mariage et le décès avec la date et le lieu. L'arbre part toujours d'une personne dont vous pouvez obtenir les ancêtres directs, les descendants ou les deux pour un arbre mixte.

! Avant d'aller dans les impressions, sélectionnez bien la personne dont vous voulez tracer l'arbre généalogique, la liste des ancêtres ou des descendants.

Les arbres décoratifs

Le site propose aussi deux modèles d'arbres décoratifs pour des généalogies ascendantes. Ces modèles pré-dessinés ne permettent ni de choisir le nombre de générations ni de les transformer en arbre descendant (le nombre d'enfants à chaque génération ne peut être prévu à l'avance). Le premier modèle est un arbre ascendant de quatre générations, remontant donc jusqu'aux arrière-grands-parents de la personne souche. Chaque case indique le nom, les prénoms, la date et le lieu de naissance. Le second modèle est un arbre de cinq générations.

Une fois ces arbres complétés avec vos données, vous obtenez un fichier PDF qui peut être imprimé en grand format (environ 59 cm de large et 41 cm de haut).

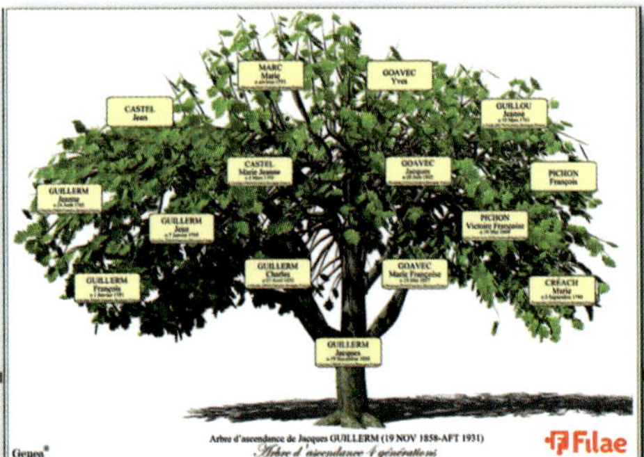

Pas à pas pour imprimer

Pour imprimer une fiche, un arbre ou une liste (cf. p. 63), vous devez sélectionner la personne qui en sera la base. Pour imprimer une fiche individuelle, il suffit de cliquer sur PDF : une fenêtre apparaît, descendez en bas de l'écran et cliquez sur le bouton *Exporter en PDF*. Le fichier PDF créé s'ouvre dans un nouvel onglet. Sur Windows, cliquez avec le bouton droit de la souris puis sur *Imprimer* ou même *Enregistrer sous* pour conserver le fichier sur votre ordinateur.

Pour imprimer d'autres documents, dans toutes les vues de votre arbre, cliquez en haut à droite sur l'imprimante. La fenêtre qui s'ouvre vous rappelle l'identité de la personne dont on va imprimer un document. Pour imprimer un arbre, cliquez sur *Imprimez-le chez vous* et choisissez le modèle souhaité. Si vous préférez une liste, cliquez sur *Cliquez ici si vous préférez imprimer une liste* et choisissez vos options (couleurs, index, etc.). Dans les deux cas (arbre ou liste), cliquez ensuite sur le bouton *Créer le document* et patientez jusqu'à ce qu'un message vous indique que votre fichier PDF est accessible. Cliquez sur *Cliquez ici pour télécharger votre fichier prêt à imprimer* ou sur *Imprimez sur votre imprimante personnelle*. Le fichier PDF d'une liste est téléchargé sur votre ordinateur, tandis que celui de l'arbre s'ouvre dans un nouvel onglet de votre navigateur. Si vous souhaitez imprimer ou enregistrer le fichier, vous devez alors procéder de la même manière que pour la fiche individuelle.

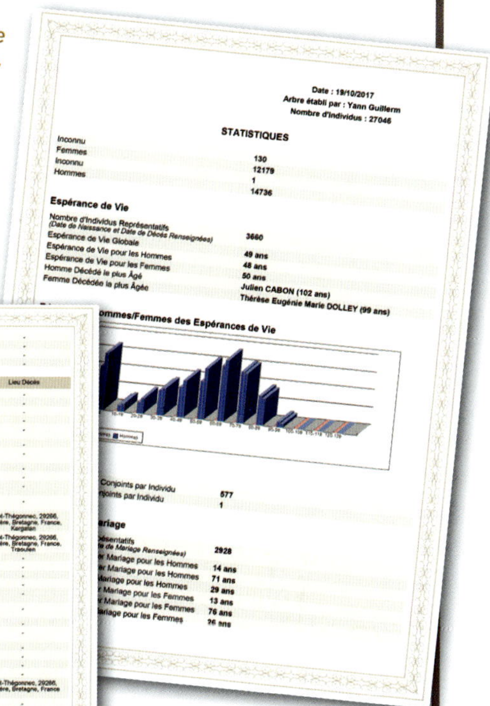

La première page des statistiques.

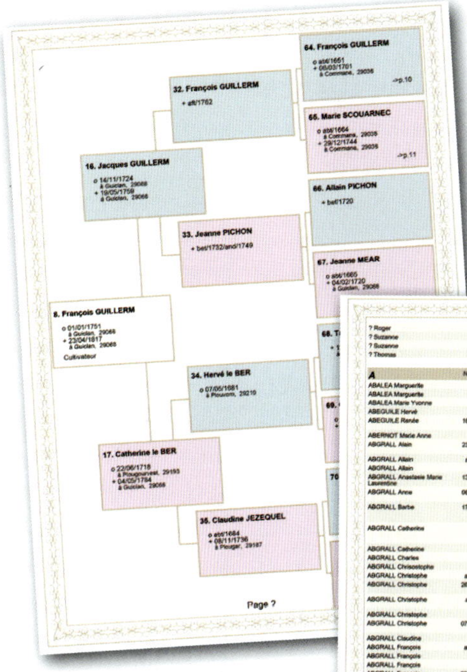

Une page de la liste ascendante.

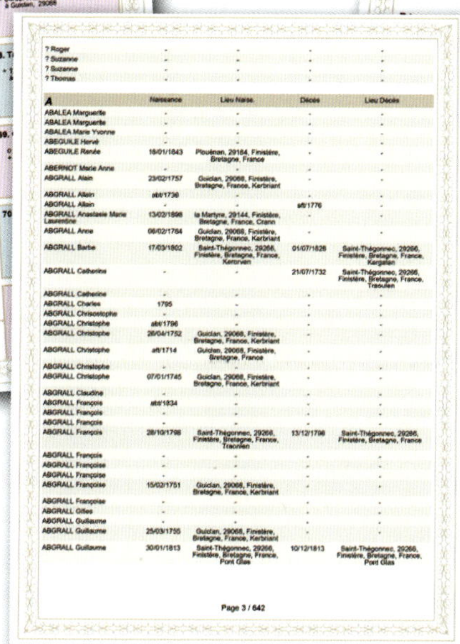

Une page de la liste des individus.

Cinq types de listes sont disponibles à partir des données saisies dans votre arbre :

• *Liste des individus* : vous obtenez une liste alphabétique des personnes avec leurs dates de naissance et de décès. Vous avez deux choix de format, PDF et excel pour extraire les données dans un tableur, et vous pouvez choisir une visualisation couleur ou noir et blanc.

• *Liste éclair* : ce document vous indique le nombre de naissances et de décès pour un nom dans chaque lieu avec l'indication de la période. Vous pouvez faire un tri par nom de famille ou par lieu. Les choix d'export sont identiques à la liste des individus.

• *Trombinoscope* : l'ensemble des photos de votre arbre s'affiche, avec un classement par nom de famille ou par date de naissance.

• *Liste ascendante* : ce document énumère les ancêtres d'une personne donnée. La liste correspond en fait à un enchaînement d'arbres de quatre générations, un nouvel arbre étant réalisé pour chaque ancêtre de la quatrième génération. Cette présentation est très pratique, idéale pour réaliser une série d'impressions A4 faciles à ranger dans un classeur.

• *Liste descendante* : ce document présente les descendants d'une personne avec leurs dates de naissance et décès. Mêmes options que la liste ascendante, avec en plus la possibilité d'ajouter la numérotation d'Aboville.

• *Dossier statistique* : il fournit des informations statistiques sur l'espérance de vie, sur les mariages (par exemple le nombre maximum et moyen de conjoints), le nombre d'enfants (maximum, minimum ou moyen) ou l'âge au premier mariage.

Autres titres du même éditeur

Les essentiels de la généalogie : les bases

- État civil et registres paroissiaux (10 e) *M.O. Mergnac.*
- Archives de notaires et généalogie (12 e) *M.O. Mergnac.*
- Actes, contrats et dispenses de mariage (12 e) *M.O. Mergnac.*
- Décès, disparitions et successions en généalogie (12 e) *M.O. Mergnac, C. Duic.*
- Archives départementales (12 e) *Y. Guillerm.*
- Faire son arbre généalogique par Internet (10 e) *M.O. Mergnac, Y. Guillerm.*
- 1001 manières de faire de la généalogie avec les enfants (15 e) *E. Duret, Y. Doladille.*
- Archives militaires mode d'emploi (12 e) *S. Heiser et N. Texier.*
- Reconnaître les photos et cartes postales anciennes (12 e) *S. Sénéchal, T. Dehan.*
- Retracer l'histoire de sa commune (10e) *N. Roux, D. Souvay.*
- Les changements de noms de lieux et de prénoms en 1792-1793 (10 e)
- Comment présenter sa généalogie ? (12 e) *A. Rouault*
- Manuel de paléographie moderne (19 e) *B. Beaucourt.*
- Manuel de paléographie alsacienne (19 e) *D. Kasser-Freytag.*
- Paléographie Nord-Pas-de-Calais, Flandres et Wallonie (19 e) *Association Geniwal.*
- Les difficultés posées par les noms en généalogie (9 e) *M.O. Mergnac.*
- Raconter son histoire familiale (10 e) *G. Guidou.*
- Conserver et classer les papiers de famille (10 e) *M. Provence.*
- Ma généalogie : comment retrouver l'histoire de ma famille (15 e) *M.O. Mergnac* (avec un arbre couleur de six générations à compléter).

Les guides de recherche par Internet

- Faire son arbre généalogique par Internet (12 e) *M.O. Mergnac, Y. Guillerm.*
- Les mormons et la généalogie, comment utiliser Familysearch ? (10 e) *G. de Morant.*

Les guides pour approfondir les recherches

- Retrouver ses ancêtres bretons (12 e) *Y. Guillerm.*
- Retrouver ses ancêtres corses (20 e) *M. Vergé-Franceschi, avec A. Flori et M. Pentagrossa.*
- Atlas des diocèses en France (15 e) *J.C. Duquesnoy.*
- Utiliser le cadastre en généalogie (10 e) *M.O. Mergnac.*
- Cadastre et généalogie : Paris et grandes villes (10 e) *M.O. Mergnac.*
- Retrouver l'histoire d'une maison (12 e) *M.O. Mergnac.*
- Utiliser les recensements en généalogie (10 e) *M.O Mergnac.*
- Archives de notaires et généalogie (12 e) *M.O. Mergnac.*
- Utiliser la presse ancienne en généalogie (10e) *L. Abensur-Hazan.*
- Orphelins et tuteurs en généalogie (10 e) *M.O. Mergnac.*
- Enfants abandonnés, enfants sans père : comment retrouver la filiation ? (10 e) *M. Provence.*
- Utiliser élections et listes électorales en généalogie (10 e) *M.O. Mergnac.*
- Explorer les archives du commerce (10 e) *M.O. Mergnac*
- Découvrir ses ancêtres sous la Révolution : guillotinés, émigrés, profiteurs ? (10 e) *M.O. Mergnac.*
- Les archives des dommages de guerre (10 e) *M.O. Mergnac.*

Les guides par métiers

- Ancêtres paysans : mieux les découvrir à travers les archives (12 e) *M.O. Mergnac*
- Retracer des généalogies de meuniers et l'histoire d'un moulin (10 e) *M. Provence.*
- Retrouver un ancêtre postier (10 e) *R. Poulain.*
- Explorer les archives du commerce (10 e) *M.O. Mergnac*
- Retracer le parcours d'un religieux (10 e) *J.P. Duquesnoy.*
- Retracer la carrière d'un instituteur ou d'un professeur (12 e) *M.O. Mergnac*
- Retrouver un ancêtre marin (12 e) *C. Duic.*
- Retrouver un ancêtre franc-maçon (12 e) *I. Mainguy.*
- Retrouver forains, bateliers et autres ancêtres migrants (10 e) *M.O. Mergnac.*

Les guides sur les ancêtres militaires

- Archives militaires mode d'emploi (12e) *S. Heiser et N. Texier.*
- Retrouvez l'histoire de votre grand-père en 1914-1918 (8 e) *Y. Buffetaut.*
- Retrouver un ancêtre blessé en 1914-1918 (12 e) *S. Heiser.*
- Les archives des dommages de guerre (10 e) *M.O. Mergnac, C. Renaudin*
- Reconnaître les uniformes 1860-1914 (12 e) *É. Labayle.*
- Reconnaître les uniformes 1914-1918 (12 e) *É. Labayle.*
- Reconnaître les uniformes de l'entre-deux-guerres (12 e) *É. Labayle.*
- Retrouver un ancêtre soldat de la Révolution et de l'Empire (12 e) *J. Malhache.*

La généalogie avec les enfants

- Mille et une manières de faire de la généalogie avec les enfants (15 e) *E. Duret, Y. Doladille.*
- Papy ! Mamie ! Raconte-moi tes souvenirs (7,90 e) *S. Bunel*

ISBN : 978-2-35077-314-8 - ISSN : 2116-2050

Tél : 01 48 28 59 29 - www.archivesetculture.org
Toutes les images sont issues du site Filae.com
Conception couverture et maquette : Martine Fichter - Réalisation maquette : Cécile Renaudin
Achevé d'imprimer en novembre 2017